航旅大数据蓝皮书（2017）

国家工业信息安全发展研究中心　编著

电子工业出版社

Publishing House of Electronics Industry

北京·BEIJING

内 容 简 介

在全球信息化快速发展的今天，信息技术与经济的深度融合引发数据迅猛增长，大数据已成为国家重要的基础性战略资源。国务院出台《促进大数据发展行动纲要》后，大数据更是提升到了国家战略的高度。航旅大数据是大数据创新应用的重要领域之一，与社会发展和民生息息相关。如何在保障公众个人信息隐私与安全的前提下，最大化地合理利用这些数据，发挥其商业价值，成为业界难题。本书采用政策研究和案例研究相结合的方法，并通过走访航旅企业，进行充分调研，将成果汇编成书。直面航旅数据的安全问题，以期促进航旅大数据行业应用，尤其是在用户画像、精准营销、保险征信等具体业务领域，充分发挥航旅大数据的价值，促进航旅大数据产业更快、更好地发展。

本书可为政府部门、行业企业、科研机构及从事航旅大数据政策制定、管理决策和咨询研究的人员提供参考，也可作为对航旅大数据感兴趣的读者学习阅读的参考书。

图书在版编目（CIP）数据

航旅大数据蓝皮书.2017/国家工业信息安全发展研究中心编著.—北京：电子工业出版社，2018.5
ISBN 978-7-121-33889-2

Ⅰ.①航… Ⅱ.①国… Ⅲ.①民用航空—旅客运输—研究报告—中国—2017 Ⅳ.① F562.6

中国版本图书馆 CIP 数据核字（2018）第 055659 号

责任编辑：郭穗娟
印　　刷：北京画中画印刷有限公司
装　　订：北京画中画印刷有限公司
出版发行：电子工业出版社
　　　　　北京市海淀区万寿路 173 信箱　　邮编 100036
开　　本：720×1 000　1/16　印张：12.75　字数：204 千字
版　　次：2018 年 5 月第 1 版
印　　次：2018 年 5 月第 1 次印刷
定　　价：98.00 元

凡所购买电子工业出版社图书有缺损问题，请向购买书店调换。若书店售缺，请与本社发行部联系，联系及邮购电话：（010）88254888，88258888。

质量投诉请发邮件至 zlts@phei.com.cn，盗版侵权举报请发邮件至 dbqq@phei.com.cn。

本书咨询方式：（010）88254502，guosj@phei.com.cn。

《航旅大数据蓝皮书（2017）》
编写委员会

主　编：尹丽波

副主编：万鹏远　瞿天锋

编委会成员（按音序排列）：

贝晓超　陈　思　李海源　刘利群

彭仲达　邱惠君　翟文君　周峻松

主编单位：

国家工业信息安全发展研究中心

联合编写发布单位：

北京市鑫海威信息中心

上海敬众科技股份有限公司

参编单位（按机构首字母拼音排序）：

上海敬之网络科技有限公司

上海旗计智能科技有限公司

上海小河征信服务有限公司

中诚信征信有限公司

前 言

PREFACE

在全球信息化快速发展的大背景下，大数据已成为国家重要的基础性战略资源，是 21 世纪的"钻石矿"。党中央、国务院高度重视大数据在经济发展中的作用，党的十八届五中全会提出"实施国家大数据战略"，国务院印发《促进大数据发展行动纲要》（国发〔2015〕50 号），全面推进大数据发展，加快建设数据强国。2016 年 12 月，工业和信息化部按照实施网络强国战略、国家大数据战略、"互联网＋"行动计划的总体部署，出台《大数据产业发展规划（2016—2020 年）》，统筹推动大数据产业发展，明确了"十三五"时期的指导思想、发展目标、重点任务、重点工程及保障措施等内容，有力支撑制造强国和网络强国建设。

航旅大数据是大数据创新应用的重要领域之一，与社会发展和民生息息相关，在大数据的诸多分支中颇具分量。为贯彻国家大数据战略，落实《促进大数据发展行动纲要》和《大数据产业发展规划（2016—2020 年）》，国家工业信息安全发展研究中心响应工信部党组统一工作部署，开展了针对航旅大数据的相关研究。本书以航旅数据的安全和应用这两个最受关注的方面为切入点，从政策和法规角度出发，对如何保障航旅数据安全和用户隐私，以及在此前提下如何充分挖掘和发挥航旅数据的商业价值进行了分析与研究。

本书分上下篇共 12 章。上篇为安全篇，从国内外政策法规出发，结合应用案例探讨航旅大数据使用过程中的安全与隐私风险，并就隐私数据脱敏的设计与实现展开讨论。下篇为应用篇，聚焦产业发展和应用情况，以航旅数据场景应用案例为主，从应用场景、主要内容、技术方案、案例分析、亮点等方面进行剖析和总结。

　　"十三五"时期是我国全面建成小康社会的决胜阶段，是新旧动能接续转换的关键时期；全球新一代信息产业处于加速变革期，大数据技术及其应用处于创新突破期，国内市场需求处于爆发期，我国大数据产业面临重要的发展机遇。与此同时，大数据发展所面临的安全和隐私挑战及风险也是空前的。如何在保障安全与隐私的同时最大化地利用这些数据、发挥其自身价值，需要学术界、企业界及政府相关部门共同探求管理之道，为大数据的健康发展、安全应用提供坚强保障。本书只对航旅大数据的相关问题进行了讨论，希望以此书为契机，激励更多行业积极行动起来，充分释放发展潜力，共同促进大数据产业发展，推动我国从数据大国走向数据强国。

目　　录
CONTENTS

上篇　安全篇

第1章　国外大数据发展与隐私保护相关政策和法规 2

　1.1　国外大数据发展与隐私保护相关政策 2

　　1.1.1　美国 3

　　1.1.2　英国 4

　　1.1.3　法国 6

　　1.1.4　新加坡 6

　　1.1.5　澳大利亚 7

　　1.1.6　总结 8

　1.2　国外大数据安全与隐私相关法规 8

　　1.2.1　保护公民隐私权的基本立法 8

　　1.2.2　数据保护相关立法 10

第2章　我国的大数据发展环境与重要举措 18

　2.1　我国大数据相关政策法规 18

　2.2　我国航旅大数据应用现状与产业发展初探 22

第3章　航旅大数据使用过程中的安全与隐私风险 24

　3.1　大数据中的用户隐私保护 25

　3.2　如何实现大数据访问控制 27

　3.3　航旅数据中个人隐私的特点 28

　3.4　个人隐私遭侵犯的主要原因 29

第 4 章　航旅信息服务的数据安全与隐私保护实践 32

4.1　航空信息的主导供应商 33

4.2　面向企业的信息服务商 38

4.3　面向个人的信息服务商 41

第 5 章　隐私数据脱敏的理论基础 45

5.1　隐私敏感数据的安全风险与泄露风险 45

　　5.1.1　隐私敏感数据种类与安全风险 46

　　5.1.2　隐私敏感数据泄露类型 47

　　5.1.3　隐私敏感数据泄露风险模型 48

5.2　数据安全防护手段与数据脱敏原则 54

　　5.2.1　传统的数据安全防护手段 55

　　5.2.2　数据脱敏的概念与原则 57

5.3　数据脱敏目标确认与策略制定 59

　　5.3.1　脱敏目标确认 59

　　5.3.2　脱敏策略制定 59

5.4　数据脱敏的实现机制 61

　　5.4.1　基于视图的实现机制 61

　　5.4.2　基于代理的实现机制 62

第 6 章　数据脱敏系统的设计与实现 64

6.1　数据脱敏系统的需求 64

6.2　数据脱敏系统的作用 65

　　6.2.1　防止生产数据库中的敏感数据泄露 65

　　6.2.2　提升关于测试、开发和培训数据的质量 65

　　6.2.3　提高数据维护和数据共享的安全性 66

　　6.2.4　实现隐私数据管理的政策合规性 66

6.3　数据脱敏系统的设计目标与方向 66

6.4　数据脱敏系统应具有的特点 67

　　6.4.1　便捷易用的自动发现功能 68

　　6.4.2　智能高效的数据梳理功能 68

6.4.3　高适应性的方案配置能力 68

6.4.4　完善而灵活的任务管理能力 69

6.5　数据脱敏系统的设计难点 69

6.5.1　敏感数据识别 70

6.5.2　数据脱敏算法 72

6.6　数据脱敏系统的技术架构 75

6.7　数据脱敏系统的处理流程 77

6.8　数据脱敏系统的主要功能 77

6.9　基于大数据平台的脱敏服务 79

第 7 章　数据脱敏的综合评价 81

7.1　数据脱敏综合评价指标体系 81

7.2　不同场景的数据脱敏需求分析 84

7.3　主流数据脱敏方法比较 86

7.4　应用评价 89

第 8 章　有关航旅数据安全的经验借鉴和对策建议 90

8.1　存在的主要问题与经验借鉴 90

8.2　启示与对策建议 91

小结 95

下篇　应用篇

第 9 章　大数据产业发展概述 98

9.1　大数据产业链和产业生态日趋稳定 101

9.1.1　大数据产业链构成 102

9.1.2　大数据生态圈分析 104

9.2　大数据产业区域集聚发展格局逐步形成 107

第 10 章　大数据应用情况分析 110

10.1 大数据应用的总体情况..110

10.2 重点领域应用进展与发展趋势..111

10.3 航旅行业大数据应用情况..113

    10.3.1 我国民航业的信息化建设情况...................................113

    10.3.2 民航业与大数据融合是未来大势所趋.............................115

    10.3.3 "旅客画像"数据库将引领民航进入数据时代.....................116

    10.3.4 航旅数据在金融领域的广泛应用.................................118

第 11 章 航旅数据场景应用案例..**119**

11.1 使用"航旅分"评价体系的案例......................................119

    11.1.1 应用场景...119

    11.1.2 主要内容...120

    11.1.3 技术方案...123

    11.1.4 案例分析...124

    11.1.5 亮点总结...125

11.2 航班延误险精算模型案例..125

    11.2.1 应用场景...125

    11.2.2 主要内容...126

    11.2.3 技术方案...134

    11.2.4 案例分析...135

    11.2.5 亮点总结...136

11.3 航旅数据在航空险领域的核保核赔案例................................137

    11.3.1 应用场景...137

    11.3.2 主要内容...138

    11.3.3 技术方案...139

    11.3.4 案例分析...140

    11.3.5 亮点总结...143

11.4 航旅大数据在保险方面的案例——销售预测............................144

    11.4.1 应用场景...144

    11.4.2 项目内容...144

11.4.3　技术方案 147

11.4.4　案例分析 149

11.4.5　亮点总结 149

11.5　"赔你等" 150

11.5.1　应用场景 150

11.5.2　主要内容 150

11.5.3　技术方案 153

11.5.4　案例分析 156

11.5.5　亮点总结 156

11.6　"众众保"应用案例 157

11.6.1　应用场景 157

11.6.2　项目内容 157

11.6.3　技术方案 159

11.6.4　案例分析 161

11.6.5　亮点总结 161

11.7　"航班延误，免费坐专车"案例 162

11.7.1　应用场景 162

11.7.2　项目内容 162

11.7.3　技术方案 165

11.7.4　案例分析 168

11.7.5　亮点总结 169

11.8　银行信用卡航延险服务 169

11.8.1　应用场景 169

11.8.2　主要内容 170

11.8.3　案例分析 172

11.8.4　亮点总结 173

11.9　用大数据精准营销，打造"五星荟"服务品牌 174

11.9.1　应用场景 174

11.9.2　应用基础 174

11.9.3　应用案例 175

11.9.4 "五星荟"如何应用大数据 176

11.9.5 航旅大数据的未来 178

11.10 中诚信征信航旅数据应用 179

11.10.1 应用场景 179

11.10.2 主要内容 179

11.10.3 案例分析 181

11.10.4 亮点总结 181

第 12 章 航旅数据应用标准建议 183

12.1 航旅数据应用现状分析 183

12.2 对策与建议 185

小结 187

参考文献 189

上篇

安全篇

第 1 章　国外大数据发展与隐私保护相关政策和法规
第 2 章　我国的大数据发展环境与重要举措
第 3 章　航旅大数据使用过程中的安全与隐私风险
第 4 章　航旅信息服务的数据安全与隐私保护实践
第 5 章　隐私数据脱敏的理论基础
第 6 章　数据脱敏系统的设计与实现
第 7 章　数据脱敏的综合评价
第 8 章　有关航旅数据安全的经验借鉴和对策建议

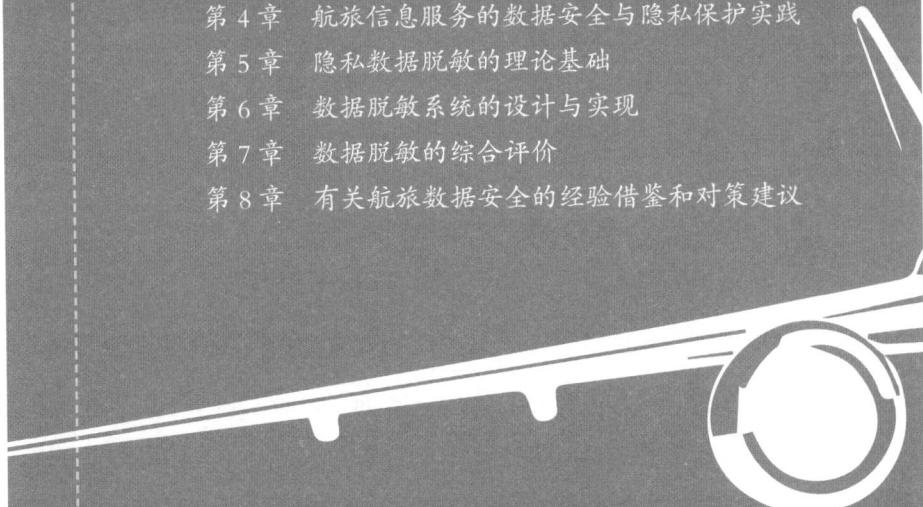

第 1 章　国外大数据发展与隐私保护相关政策和法规

大数据时代的到来引起了业界和学界的广泛关注，大量研究成果不断涌现。信息化变革使几乎每个行业都面临大数据问题，为了充分利用这一前所未有的大好机遇，国内外的产业界、科技界甚至各国政府都在积极布局，制定战略规划。但目前大数据在收集、存储和使用过程中面临着诸多安全风险，大数据所导致的隐私泄露也为用户带来严重困扰。如何在现有条件下保护大数据的安全与隐私，是一个亟待解决的重要问题。

1.1　国外大数据发展与隐私保护相关政策

大数据安全与隐私问题日益凸显，成为大数据应用发展的一大瓶颈。针对严峻的安全形势，美国、英国、法国、新加坡、澳大利亚等国家相继出台了促进大数据发展的相关政策和规划，并探索形成了一系列隐私保护的举措和经验，具有一定的借鉴意义。

1.1.1　美国

美国政府将大数据视为强化美国竞争力的关键因素之一，把大数据研究和生产计划提高到国家战略层面。

为了在大数据时代抢得先机，保持自己在科技、经济等多个方面的领先地位。2012年3月29日，美国政府公布了《大数据研究和发展计划》（*Big Data Research and Development Initiative*），以增强联邦政府收集海量数据、分析萃取信息的能力。美国科学基金会、卫生福利部/国立卫生研究所、能源部、国防部、国防部高级研究计划局、美国地质调查局6个联邦部门为此宣布投资2亿美元，以提高收集、储存、保留、管理、分析和共享海量数据所需的核心技术和先进性。同时，美国政府呼吁工业界、研究型大学、非营利组织共同参与，与政府一起充分利用大数据创造的机遇，形成"众人拾柴火焰高"的局面。这是美国政府在政策层面上将"大数据"上升到国家意志的重要举措，其影响将极为深远。

2014年3月，美国白宫科学与技术政策办公室联合麻省理工学院、纽约大学与加州大学伯克利分校举办了大数据隐私保护研讨会，主要研讨了大数据带来的机遇和风险、当前隐私保护技术。2014年5月，美国白宫发布了《大数据与隐私保护：一种技术视角》白皮书，主要探讨个人隐私存在的风险与保护技术。

此外，由美国时任总统奥巴马发起的白宫大数据研究及2014年5月发布的研究报告《大数据——抓住机遇，坚守价值》得到了广泛关注。报告对大数据发展所带来的机遇与挑战进行了深入的阐述，指出大数据正在为社会和经济各领域的发展提供技术支撑。大数据有效提升政府服务和履职水平的同时，也会对公民个人隐私造成危害，对经济和社会发展造成严重损失。为此，奥巴马进一步要求总统科学和技术顾问委员会（President's Council of Advisors on Science and Technology，PCAST）从技术而非政策的角度，全面审查大数据技术应用后，隐私将要面临的问题，从而提出技术上的解决方案。该报告正是基于这一要求开展的，它从技术的视角对大数据技术与隐私保护之间的关系进行了深入分析和探讨。该报告提出，新技术的发展应用和隐私保护之间的矛盾一直交织存在，当大数据技术的发展侵害了主体价值观的时候，隐私权的概念就会被再次重塑。为此，该报告通过对大数据在当前的一些成功应用案例和将来可能发生的应用场景进行分析，阐明大数据带来巨大利益的同时，可能带来隐私和安全挑战。该报告还指出大数据技术收集和分析技术的深度融合，在满足大规模数据集复杂分析需求的同时，势必对公民隐私保护提出更高要求。也就是说，收集和分析大数据可以用于造福社会和个人，但其对隐私权的威胁不仅来自对个人数据有意／无意泄露和数据误用，还有可能是派生数据对事实不准确或错误的描述。

该报告最后还探讨了采用哪些技术来综合解决这些隐私保护问题，并建议政府制定政策时要更多地关注大数据的实际使用，加强隐私保护技术与相关社会科学的关联研究，强化政府的主导作用，推动标准的制定和应用，在全社会推广有关隐私保护的教育和培训。

隐私保护是一个重要的研究议题。科技进步既威胁到个人隐私，也为更好地保护它提供了机会。美国政府对大数据与隐私保护进行相关研究，剖析了大数据技术的本质特征，以及分析了这些特征对个人隐私保护产生影响的根本原因，并对政府的政策制定提出了有针对性的建议。其中的研究结论和做法，对我国相关管理部门指导大数据的发展和应用有着积极的借鉴作用。

1.1.2 英国

大数据已经成为英国政府目前大力发展的战略领域之一。英国经济与商业研究中心（CEBR）在 2012 年的研究报告进一步证实了大数据的经济价值，2011 年英国私企和公共部门企业的数据资产价值为 251 亿英镑，2017 年将达到 407 亿英镑。

2012 年，英国皇家学会发布了《作为开放事业的科学》（*Science as an Open Enterprise*）报告，对英国政府和社会在大数据时代中的发展战略进行了展望，同时对政府和相关机构提出了相应建议。同年 7 月，英国商业创新技能部（Department for Business，Innovation & Skills，BIS）成立了数据战略委员会（Data Strategy Board，DSB）。2013 年伊始，英国政府又提出对大数据领域的研究工作给予 1.89 亿英镑的资助。

英国政府要求各公共部门在其互联网（http://data.gov.uk）向全社会开放政府管理、机构运营及各项统计数据等相关信息。2012 年 5 月，建立了世界上首个非营利性的开放式数据研究所（Open Data Institute，ODI），它利用互联网技术将全世界提供的数据汇总到一个平台上，利用云存储等新兴技术达到海量存储。

2012 年 6 月，英国政府发布《开放数据白皮书》（*Open Data White Paper*），建立了一套对公共部门数据开放程度的评价体系，审计各公共部门完成开放数据任务情况，旨在促进英国公共服务数据的开放，建设一个开放型的政府。《开放数据白皮书》指出，政府应该公开财政支持的研究数据以使公共数据价值最大化，这是英国在世界成为领导者的必由之路。这些研究由国家税收支持，应该与每个人共享。在个人隐私保护方面，该白皮书明确规定，将在公共部门透明度委员会（监督各部门数据开放的核心机构）中设立一名隐私保护专家，确保在数据开放过程中及时掌握和普及最新的隐私保护措施，同时还将为各个部门配备隐私专家。

2013 年 10 月 31 日，英国发布《把握数据带来的机遇：英国数据能力战略》。该战略由英国商业、创新与技术部牵头编制，旨在促进英国在数据挖掘和价值萃取中的世界领先地位，为英国公民、企业、学术机构和公共部门创造更多收益。为实现上述目标，该战略从强化数据分析技术、加强国家基础设施建设、推动产研合作、确保数据被安全存取和共享等几个方面做出了部署，并做出 11 项明确的行动承诺，确保战略目标真正得以实现。

1.1.3　法国

法国政府在《数字化路线图》中列出了将要大力支持的 5 项战略性高新技术，而"大数据"是其重要内容。

2013 年 4 月法国政府召开"第二届巴黎大数据大会"，会上法国经济、财政和工业部门宣布将投入 1 150 万欧元用于支持公开教育、健康 7 个重点项目。这些项目实施的目的在于"发展创新性解决方案，并将其用于实践，促进法国在大数据领域的发展。"此前，法国软件编辑联盟（AFDEL）曾号召政府部门和私人企业共同合作，投入 3 亿欧元用于推动大数据技术的发展。AFDEL 认为，未来 5 年内大数据创造的价值将会达到 28 亿欧元，同时将会产生 1 万个工作岗位。

2013 年 7 月，法国中小企业、创新和数字经济部公布了大数据五项支持计划：引进数据科学家（Data Scientist）教育项目；设立一个技术中心并赋予新兴企业各类数据库和网络文档存取的权限；为大数据设立一个全新的原始资金，促进技术创新；在交通、医疗卫生等纵向行业领域设立大数据旗舰项目；为大数据应用建立良好的生态环境，如在法国或欧盟建立用于交流的各类社会网络等。

1.1.4　新加坡

新加坡政府在大数据发展过程中充当了关键角色，抓住了大数据发展的五大关键要素：基础设施、产业链、人才、技术和立法，弥补了企业的短板。新加坡政府很早就提出支持本国企业采用大数据技术，利用大数据提升政府服务水平。

新加坡在 2012 年公布了《个人资料保护法》（PDPA），旨在防范对国内数据及源于境外的个人资料的滥用行为。该法案的出台使公民得以进一步了解个人资料的使用途径，同时在进行个人信息处理的过程中，也加强了企业与客户之间的信任程度。

1.1.5　澳大利亚

2013 年 2 月，澳大利亚政府信息管理办公室（AGIMO）成立了跨部门工作组——"大数据工作组"，启动了《公共服务大数据战略》（以下简称《战略》）制定工作，并于 2013 年 8 月正式对外发布。

《战略》以六条"大数据原则"为指导，旨在推动公共部门利用大数据分析进行服务改革，制定更好的公共政策，保护公民隐私，使澳大利亚在该领域跻身全球领先水平。这六条大数据原则分别如下：

（1）数据是一种国家资产，应被用于人民福祉。

（2）在数据共享和大数据项目开发过程中严保用户隐私。

（3）数据完整和使用过程透明。

（4）政府部门之间及政府与产业之间应共享技术、资源和能力。

（5）与产业和学术界广泛合作。

（6）加强政府数据开放。

《战略》还决定成立数据分析卓越中心（DACoE），该中心将通过构建一个通用的能力框架帮助政府部门获得数据分析能力，并促成政府与第三方机构合作，以培养分析技术专家。《战略》列举了在 2014 年 7 月前需完成的 6 项大数据行动计划，分别如下：

（1）制定信息资产登记簿。

（2）跟踪大数据分析技术的发展情况。

（3）制定大数据最佳实践指南。

（4）总结和明确大数据分析面临的各种障碍。

（5）强化大数据分析的相关技术和经验。

（6）制定数据分析指南。

1.1.6　总结

从纵向的政策要点来看，各国在以下方面基本达成共识：

（1）战略目标基本相同，旨在通过国家性战略规划推动本国大数据技术研发、产业发展和相关行业的推广应用，确保领先地位。

（2）注重基础设施建设，通过打造大型、开放的平台，实现数据共享并保障数据安全。

（3）鼓励各方积极参与，并研发相关标准，加强数据的互操作性。

（4）注重交叉学科专业人才的培养。

（5）通过立法等手段来确保个人隐私不受侵犯。

1.2　国外大数据安全与隐私相关法规

除政策和规划外，美国、德国、法国、日本和欧盟等世界主要国家和地区还通过立法的形式对公民隐私权和数据安全进行保护，建立一套完整的网络行为规范，加强对网络隐私权的保护，取得了较好的效果。

1.2.1　保护公民隐私权的基本立法

1. 美国

早在 1974 年 12 月 31 日，美国参众两院就通过了《隐私权法》（*Privacy*

Act）。1979 年，美国第 96 届国会修订《联邦行政程序法》时将其编入《美国法典》。该法又称为《私生活秘密法》，是美国行政法中保护公民隐私权和了解权的一项重要法律。它就"行政机关"对个人信息的采集、使用、公开和保密问题做出详细规定，以此规范联邦政府处理个人信息的行为，平衡公共利益与个人隐私权之间的矛盾。

该法中提到的"行政机关"包括联邦政府的各行政部门、军事部门、国有公司、国有控股公司，以及行政部门的其他机构包括总统执行机构在内。该法也适用于不受总统控制的独立行政机关，但国会、隶属于国会的机关和法院、州和地方政府的行政机关不适用该法。该法中提到的"记录"，是指包含在某一记录系统中的个人记录。个人记录是指"行政机关根据公民的姓名或其他标识而记载的一项或一组信息"。其中，"其他标识"包括别名、相片、指纹、音纹、社会保障号码、护照号码、汽车执照号码，以及其他一切能够用于识别某一特定个人的标识。个人记录涉及教育、经济活动、医疗史、工作履历，以及其他一切关于个人情况的记载。

《隐私权法》还规定了行政机关"记录"的收集、登记、公开、保存等方面应遵守的准则。

2. 德国

早在 1954 年，德国联邦法院在审理案件中就将人格权确认为一项独立的民事权利。认定人格尊严、自治、隐私的权利是德国《民法典》第八百二十三条第一项中的其他权利，隐私权作为一项独立的人格权受到德国民法典保护。

3. 法国

法国在 1970 年增补的《民法典》第 9 条规定："任何人有权使其个人生活不受侵犯。""法官在不影响赔偿当事人所受损失的情况下，必须规定一些措施，如对有争议的财产保管、扣押及专为防止或停止侵犯个人私生活的其他措施。在紧急情况下，法官必须紧急下令采取以下措施。"该法条为公民个人隐私权的保护提供了明确的法律依据。

4. 日本

在日本现行宪法中，并未对隐私权有任何明文规定，但宪法第13条规定："一切国民，均作为个人而受尊重。对于生命、自由及追求幸福之国民权利，以不违反公共福祉为限，需在立法及其他国政上，给予最大尊重。"本条规定因具有高度的解释空间，而成为日本法院及学界用以推导新兴基本权利受国家保障的概括条款。因此，尽管在宪法条文中对隐私权有所缺失，但这并不妨碍日本宪法以对"追求幸福权"固本正源的目的解释方法，勾勒出隐私权的框架。

1.2.2　数据保护相关立法

1. 美国：电子通信隐私法

到目前为止，美国并没有制定一部综合性法典对个人信息的隐私权进行保护，主要依靠联邦和州政府制定的各种类型的隐私和安全条例。其中，最重要的条例是1986年颁布的《电子通信隐私法》（*The Electronic Communication Privacy Act*，ECPA）。

尽管《电子通信隐私法》还存在不足，但它是目前关于保护网络上的个人信息最全面的一部数据保护立法。《电子通信隐私法》涵盖了声音通信、文本和数字化形象的传输等所有形式的数字化通信，它不仅禁止政府部门进行未经授权的窃听，而且禁止所有个人和企业对通信内容进行窃听。同时，还禁止对存储于计算机系统中的通信信息进行未经授权的访问，以及对传输中的信息进行未经授权的拦截。

2. 英国：数据保护法

《英国数据保护法（1998）》（*The Data Protection Act* 1998）于 1998 年 7 月 16 日通过并于 2000 年 3 月 1 日起生效。此法加强并延伸 1984 年数据保护法中的数据保护机制，就取得、持有、使用或揭露有关个人数据处理过程等方面提供新法规范。此法综述如下：

（1）重新声明原有的数据保护原则。

（2）可适用于某些特定结构的人工记录（此部分并未受 1984 年数据保护法规范）及计算机化个人数据。

（3）提供处理个人数据及具敏感性数据（如种族、健康等）时，必须遵守相关规范条件。

（4）强化个人现行权利并创建若干新权利，例如，告知当事人数据处理者及处理原因等新增权利，防止个人数据移作直接行销用途。

（5）将由其他法律授权行使纳入数据保护新法规的权利。

（6）将数据保护登记署长（Registrar）更名为数据保护委员长（Commissioner），并加强其职权。

（7）告知数据保护委员长，采用新协商取代原登录方式。

（8）增加将个人数据传输至欧盟成员国以外国家适用的新法则。

3. 德国

1）电信法

2004 年 6 月 22 日，德国议会通过了 2004 年版《电信法》（*Telecommunications Act*，TKG）。之前，其遵从欧洲议会的决定于 2005 年 5 月修正了原有的《电信法》。2004 年《电信法》第 7 部分包括了所有关于通信隐私、数据保护和公共安全的规定。同时，该法案第 110 条要求通信服务提供者自费部署通信监控所必需的技术设施。

2）联邦数据保护法

现行的《联邦数据保护法》于 2009 年进行修改并生效，约束范围包括互联网等电子通信领域，旨在防止因个人信息泄露导致的侵犯隐私行为。《联邦数据保护法》修改生效后，很多企业开始加强对客户信息的保护措施。一些企业网站专门开设关于数据保护的网页，明确告知客户自己保护信息的措施。当需要客户填写信息登记表格时，企业网站也会在显要位置提醒客户这些信息的用途。

这部法律对个人数据的合法获取、处理和使用情况做出明确规定。按照规定，信息所有人有权获知自己的哪些个人信息被记录、被谁获取、用于何种目的；私营组织在记录信息前，必须将这一情况告知信息所有人；出于广告目的而获取、处理、使用个人信息，必须经信息所有人书面同意。如果信息有误，那么信息处理方有义务将其更正；非法获取的或不再需要的信息必须删除；如果某人因非法或不当获取、处理、使用个人信息而对信息所有人造成伤害，那么此人应为此承担责任。

《联邦数据保护法》呼吁公立和私营组织设立专职信息保护人员。在政府内部，这部法律要求设立"联邦数据保护与信息自由专员"，监督政府机构在保护个人数据方面的行为。在联邦层面以外，德国各州也有自己的数据保护专员，以类似的方式监督各州政府机构的行为。

4. 法国：信息、档案与自由法

早在 1978 年，法国就通过了《信息、档案与自由法》以加强个人数据保护。其立法原则是信息应该为每一个公民服务。信息技术发展应该在国际合作的框架内进行，收集、处理和使用个人数据时，不应该侵犯个人身份、人权、隐私、个人与公共自由。为了适应网络环境下个人数据保护的要求，法国于 2004 年修订该法案，将欧盟关于个人数据保护的指令转化为法国的国法。

5. 欧盟

1）关于个人数据处理保护与自由流动指令

《关于个人数据处理保护与自由流动指令》对数据和隐私保护确立了基本原则，其中包括以下几项：

（1）数据必须被公平和合法地处理。

（2）被处理的数据必须与目的相关，不能超出范围。

（3）数据必须精确，而且如有必要，必须及时更新。

（4）数据的实际控制者必须采取合理措施阻止错误数据流动，并保护数据不被修改、清除。

（5）每个成员国必须设立监督机构监控数据保护规则的应用。欧盟成员国一般都有自己的数据保护立法，该指令被欧盟成员国转化为国法，在整个欧盟层面进一步加强了个人数据保护。

2）隐私和电子通信指令

2002 年 7 月 12 日，欧洲议会和欧盟理事会制定并通过了《关于电子通信领域个人数据处理和隐私保护的指令（隐私和电子通信指令）》，该《指令》取代了 1997 年的《电信行业数据保护指令》。新的指令适应了市场和电子技术的发展，为公用电子通信的服务提供商在个人数据和隐私保护方面提供平等的保护，特别是对网络的个人隐私保护问题给予了重点关注。

《指令》保护的宗旨和范围如下：

《指令》旨在使各成员国保证电子通信领域个人数据处理中对基本权利和自由，尤其是对隐私权提供同等保护的规定，以及保证这些数据和电子通信设备及其服务在共同体内自由流动的规定之间协调一致。就适用范围而言，《指令》不适用于公共安全、国防等《建立欧共体条约》规定范围以外的行为。

对使用者的保障措施如下：

（1）关于安全，《指令》要求：

①公用电子通信服务提供商必须依法采取适当的技术和组织措施，以保障服务的安全性。

②服务提供商应全面告知客户现存的安全隐患。

③服务提供商应当告知用户能够用来保护他们通信安全的措施（如使用特殊的软件或加密技术）。

（2）通信秘密。《指令》规定：

① 成员国应通过国内立法，确保公共通信网络和公用电子服务中通信和相关数据传输的机密性。

② 禁止除用户或征得其同意外的其他人储存信息或相关的数据。

③ 记录的通信应被秘密保存，在提供服务之后，应当销毁或使其处于匿名的状态。

（3）关于用户的知情权，《指令》要求服务提供商应当告知用户关于其所提供的信息被用于哪些方面，包括进一步处理此类数据的意图和允许用户有权不同意或撤回其对此类处理的同意。同时，应当不间断地告知用户他们处理的数据种类、目的和这一做法持续的时间。此外，在用户权利不能得到保护的地方，国内立法应当提供相应的司法救济。

综上所述，《指令》是已确立的关于保护电信行业个人数据的完善法规，涉及静态的或在传输过程中的通信数据。《指令》规定公用电子通信服务提供商必须依法采取适当的技术和组织措施，以保障服务的安全性，加密就属于此类技术措施。所有类型的加密解决方案，包括对静态数据的全磁盘和文件/文件夹加密，以及对传输过程中的数据的SSL/IPSec VPN加密可能得以实施，旨在防止敏感的通信数据未经授权被访问或被披露。

3）一般数据保护条例

2016年4月14日，欧洲议会投票通过了商讨四年的《一般数据保护条例》

（*General Data Protection Regulation*），该条例将在欧盟官方杂志公布正式文件的两年后（2018 年）生效。新条例的通过意味着欧盟对个人信息保护及其监管达到了前所未有的高度，堪称史上最严格的数据保护条例。新条例将取代 1995 年发布的《欧盟数据保护指令》（Directive 95/46/EC），并直接适用于欧盟各成员国。它旨在加强对自然人的数据保护，并统一此前欧盟内零散的个人数据保护规则，同时降低企业的合规成本。

欧盟此次通过的《一般数据保护条例》对《欧盟数据保护指令》进行了大刀阔斧的改革：将适用的主体范围扩大到了境外的企业；增加了透明原则、最少够用原则等一般性保护原则；开创性地引入了被遗忘权、可携带权等；并且对违规活动进行严格的处罚，全面提升了对个人数据的保护力度。此次改革以保护公民的基本权利为理念，在提高个人数据保护标准的同时，也会增加企业的合规成本。对于欧盟以外的国家，新条例无疑树立了一个高标准的个人数据保护法律模板。当越来越多的国家提高了对个人数据的保护力度时，那么还未重视数据保护的落后者可能会被禁闭在无限网络的狭小空间之内。

以下简要介绍条例中的几项重要条款：

（1）管辖范围（第3条）。

该条例适用于以下情况：

① 住所在欧盟成员国的数据控制者、处理者。

② 住所虽然不在欧盟成员国的数据控制者、处理者，但是其在向欧盟成员国数据主体提供商品和服务的过程中（无论是否需要付费）处理了欧盟成员国数据主体的个人数据或对数据主体进行了监测。

③ 住所虽然不在欧盟，但是根据国际条约住在欧盟成员国法律适用的地方的数据控制者。

（2）处理个人数据的原则（第5条）。

处理个人数据应当遵循以下原则：

① 合法、正当、透明。

② 处理数据的目的是有限的。

③ 仅处理为达到目的的最少数据。

④ 确保数据的准确性和时效性。

⑤ 储存数据的期限不得长于为达到目的所需的时间。

⑥ 采取技术和管理措施以保护数据的安全。

⑦ 数据控制者有责任并应能够证明其做到了以上几点。

（3）合法处理数据（第6条）。

至少满足以下所列条款中的一项，处理数据才是合法的：

① 数据主体同意了为特定目的处理其数据。

② 处理数据是为签订或履行合同所需的。

③ 处理数据是为遵守法定义务所需的。

④ 处理数据是为了保护数据主体或其他自然人的至关重要的利益。

⑤ 处理数据是为了公共利益或行使政府授予的权力。

⑥ 处理数据是为了追求数据控制者的合理利益，但不得损害数据主体的利益。

（4）儿童个人数据的处理（第8条）。

处理 16 岁以下儿童的个人数据，必须获得该儿童的父母或监护人的同意或授权。各成员国可对上述年龄进行调整，但是不得低于 13 岁。

（5）处理特别类型的个人数据（第9条）。

禁止收集和处理反映个人种族或民族起源、政治观点、宗教/哲学信仰、是否是工会组织成员的数据、个人基因识别数据、生物数据，以及涉及健康、性生活或性取向的数据。但在例外的情况下也可以收集加工以上数据，如已获得个人明示同意，或数据控制者因处理劳动关系、社会保险之需要并在法律允许的范围内已采取了适当的保护手段等。

（6）被遗忘权（第17条）。

当个人数据已和收集处理的目的无关、数据主体不希望其数据被处理或数据控制者已没有正当理由保存该数据时，数据主体可以随时要求收集其数据的企业或个人删除其个人数据。如果该数据被传递给了任何第三方（或第三方网站），数据控制者应通知该第三方删除该数据。

（7）可携带权（第20条）。

数据主体可向数据控制者索要其数据，也可将其个人数据转移至另一个数据控制者。

（8）个人数据泄露通知（第33、34条）。

数据控制者应在72小时内向监管机构报告个人数据的泄露情况。当数据泄露可能会给数据主体的权利或自由带来巨大风险时，数据控制者必须毫不延误地通知数据主体，以便数据主体及时采取措施。

（9）设置数据保护官（第37、38、39条）。

为确保数据保护合规并处理数据保护相关事务，数据控制者和数据处理者需设置数据保护官（Data Protection Officer）。

（10）巨额罚款（第83条）。

对于一般性的违法，罚款上限是 1 000 万欧元，对企业而言罚款上限是其上一年度全球营业收入的 2%（从两者中取数额大者）；对于严重的违法，罚款上限是 2 000 万欧元，对企业而言，是其上一年度全球营业收入的 4%（从两者中取数额大者）。

第2章 我国的大数据发展环境与重要举措

中国大数据具有得天独厚的优势,如我国特殊的国情和经济高速稳定发展,给大数据及其应用带来了巨大的发展空间。大数据在我国各领域和不同行业的应用潜力巨大、机遇重大。从国家战略的角度出发,只有将大数据产业发展纳入国家发展的战略性项目,与国际大数据发展接轨,才能解决现阶段大数据发展的核心问题。大数据的核心技术进展和大数据应用有可能给我国新兴战略性产业发展带来新机遇。政府要扫清大数据产业化的一切阻力,促进大数据技术从实验室到工业化生产的转移,加强大数据在实际生活方面的应用,推进大数据核心技术产业化发展的步伐,创造大数据的社会价值,确立大数据的战略地位。大数据领域的竞争将关系到国家的安全和未来,国家竞争力也将越发体现为一国拥有数据的规模、活性,以及解释、运用的能力。我国要发展好、应用好大数据,必须把大数据产业上升到战略高度,强化全民数据意识,树立以数据提高效率、提升精细化和智能化水平的意识,从国家层面推动大数据的收集、分析和应用。

2.1 我国大数据相关政策法规

随着国家大数据战略的推进和实施,我国大数据政策体系日臻完善,相关产业高速发展，地方大数据产业建设也稳步推进，数据技术、应用创新取得明显突破，各领域对大数据服务需求进一步增强，数据开放、共享成为当前亟须突破和解决的问题。

2012 年，全国人大常委会发布《关于加强网络信息保护的决定》（以下简称《决定》）。其中，第一条即规定任何组织和个人不得窃取或以其他非法方式获取公民个人电子信息，不得出售或非法向他人提供公民个人电子信息。同时，要求网络服务提供者和其他企/事业单位在业务活动中收集、使用公民个人电子信息时，应当遵循合法、正当、必要的原则，明示收集、使用信息的目的、方式和范围，并经被收集者同意，不得违反法律、法规的规定和双方关于收集、使用信息的约定；应当公开其收集、使用信息的规则。对所收集的公民个人电子信息必须严格保密，不得泄露、篡改、毁损，不得出售或者非法向他人提供。并采取技术措施和其他必要措施，确保信息安全，防止在业务活动中收集的公民个人电子信息泄露、毁损、丢失。在发生或可能发生信息泄露、毁损、丢失的情况时，应当立即采取补救措施。

从网络活动的现状来看，我国法律对各类企/事业单位收集、使用、处理公民个人电子信息的规定正处于起步阶段，还需要不断完善这方面的法律。另外，赋予公民必要的监督和举报、控告的权利，充分发挥社会监督作用，是有效治理侵害个人信息安全等网络违法行为、维护公民合法权益的重要手段。专家指出，《决定》对互联网个人信息保护有较大幅度的加强，对网络提供商和在服务过程中涉及公民个人电子信息的一些企/事业单位确认了明示义务，避免相关单位非法收集、使用个人信息；还明确了保密义务，避免泄露、篡改和损毁个人信息、出售个人信息等。

根据工信部《大数据产业发展规划 2016—2020》制定的目标，到 2020年，我国大数据相关产品和服务业收入应突破 1 万亿元，年复合增长率保持在 30% 左右，为实现制造强国和网络强国提供强大的产业支撑。有专家指出，实施国家大数据战略，最重要的是要推动大数据资源的共享开发。

2015 年 8 月，国务院印发了《促进大数据发展行动纲要》，提出充分利用社会各方面信息资源，推动公共信用数据与互联网、移动互联网、电子商务等数据的整合；鼓励互联网企业运用大数据技术建立市场化的第三方信用信息共享平台，使政府主导征信体系的权威性和互联网大数据征信平台的规模效应得到充分发挥；初步建成社会信用体系，为经济高效运行提供全面准确的基础信用信息服务。同时，提出加快法规制度建设，研究和推动网上个人信息保护立法工作，界定个人信息采集应用的范围和方式，明确相关主体的权利、责任和义务，加强对数据滥用、侵犯个人隐私等行为的管理和惩罚。出台相关法律法规，加强对基础信息网络和关键行业领域重要信息系统的安全保护，保障网络数据安全；研究和推动数据资源权益相关立法工作。

2016 年 11 月 7 日，《中华人民共和国网络安全法》（以下简称《网络安全法》）发布，并于 2017 年 6 月 1 日起施行。这是我国网络安全工作的首部框架性、综合性法律，旨在保障网络安全，维护网络空间主权和国家安全、社会公共利益，保护公民、法人和其他组织的合法权益，促进经济社会信息化健康发展。《网络安全法》第四章对网络信息安全做出了规定：网络产品、服务具有收集用户信息功能的，其提供者应当向用户明示并取得同意；网络运营者不得泄露、篡改、毁损其收集的个人信息；任何个人和组织不得窃取或以其他非法方式获取个人信息，不得非法出售或者非法向他人提供个人信息，并规定了相应法律责任。《网络安全法》作为网络领域的基础性法律聚焦于个人信息泄露问题，不仅明确了网络产品服务提供者和运营者的责任，而且严厉打击出售贩卖个人信息的行为，对保护公众个人信息安全起到积极作用。

2017 年 5 月，《最高人民法院、最高人民检察院关于办理侵犯公民个人信息刑事案件适用法律若干问题的解释》发布。《解释》明确了"公民个人信息"的范围，即"刑法第二百五十三条之一规定的'公民个人信息'，是指以电子或者其他方式记录的能够单独或者与其他信息结合识别特定自然人身份或者反映特定自然人活动情况的各种信息，包括姓名、身份证件号码、通信联系方式、住址、账号密码、财产状况、行踪轨迹等。"同时，明确了非法"提供公民个人信息"的认定标准。根据《网络安全法》的规定，经被收集者同意，以及做匿名化处理（剔除个人关联），是合法提供公民个人信息的两种情形。基于此，《解释》规定："未经被收集者同意，将合法收集的公民个人信息向他人提供的，属于刑法第二百五十三条之一规定的'提供公民个人信息'，但是经过处理无法识别特定个人且不能复原的除外。"

两高司法解释在刑法修正案（九）的基础上，从多个方面完善了侵犯公民个人信息刑事案件的法律适用范围，加大了对侵犯个人信息犯罪的打击力度，对严格保护公民个人信息安全、预防和打击侵犯公民个人信息犯罪等具有十分重要的积极作用。

针对"有了司法解释，是否还有必要制定个人信息法"这一问题，专家指出，如果司法解释能够有效打击犯罪，短时间内未必需要立法。但是，从长远来看，随着信息技术的不断发展，人们对于信息的依赖程度越来越深，侵害公民个人信息的行为很可能会有新的变化，带来的侵害后果会越来越严重。这种情况还是需要通过立法来解决的。而我国在个人信息保护方面还缺少一部法律，对个人信息的收集、使用、保护等缺乏行之有效的指导。现实中，医院、银行、学校等部门都在收集、使用个人信息，但是缺乏个人信息收集、使用、保护的统一标准，难以真正落实个人信息"谁收集、谁保护；谁泄露，谁担责"的基本原则。因此，制定个人信息保护法确有必要且具有现实的意义。

2017 年 12 月 29 日，中国国家标准化管理委员会正式发布《信息安全技术 个人信息安全规范》（以下简称《安全规范》），并将于 2018 年 5 月 1 日起实施。《安全规范》以国家标准的形式，明确了个人信息的收集、保存、使用、共享的合规要求，为网络运营者制定隐私政策及完善内控提供了指导。

《安全规范》在《网络安全法》已有的原则性规定的基础上，针对网络运营者在实践中关注的具体问题，明确了相关法律概念的具体定义。

首先，关于个人敏感信息，2013 年实施的《信息安全技术公共及商用服务信息系统个人信息保护指南》，将个人敏感信息定义为在遭受泄露或修改后会对个人信息主体造成不良影响的个人信息。同时，建议各行业个人敏感信息的具体内容根据接受服务的个人信息主体意愿和各自业务特点确定。《安全规范》则在定义中，进一步强调了个人敏感信息被泄露、非法提供或滥用可能危害人身、财产安全，致使个人名誉、身心健康受到损害或歧视性待遇等严重后果，并在附录 B 中给出了个人敏感信息的具体示例，衔接了《网络安全法》第二十一条规定的数据分类义务。

其次，关于个人信息的收集，《安全规范》将个人信息主体主动提供、网络运营者自动采集，以及从第三方间接获取等三种方式定义为"收集"。同时，规定了例外情形：在终端获取个人信息但不回传至运营者服务器的，不属于"收集"。

最后，关于个人信息的匿名化与去标识化，《安全规范》将两者区别开来：经匿名化处理后的信息无法复原，也不再属于个人信息之列；而去标识化处理则保证了个人信息在不借助额外信息的情况下，无法识别信息主体，但依旧保留了个人数据颗粒度，采用假名、加密、哈希函数等手段替代了原有个人信息的标识。此外，2017 年 8 月 15 日，《信息安全技术个人信息去标识化指南》征求意见稿发布，内容涉及去标识化的过程及技术应用等。目前，已在送审阶段，网络运营者在落实个人信息去标识化工作时可借鉴这一指南。

2.2 我国航旅大数据应用现状与产业发展初探

随着我国经济的快速发展和综合国力的不断增强，受个人可支配收入提高、国民对生活品质的追求、旅行设施改善和政策利好等因素的影响，中国旅游市场持续增长。国家旅游局发布的数据显示，2016 年我国共有 44.4 亿人次参与国内或出境旅游，同比增长 11%，相当于全国人口一年旅行近 3 次；

国内旅游总收入达到 3.9 万亿元，同比增长 14%。中国旅游产业对 GDP 的综合贡献率达到了 10%，超过了教育、银行、汽车产业的贡献率。

从交通部公布的出行人数来看，2016 年，全国民航完成旅客运输量达到 4.85 亿人次，比上年增长 11.5%。2016 年我国计划新开工的民航重点项目有 11 个，续建项目为 52 个，全行业预计固定资产投资达 770 亿元。仅在机场建设方面，就有北京、成都、青岛、厦门、大连等新机场项目。

2017 年 3 月，国家发展改革委、中国民航局联合发布《全国民用运输机场布局规划》（以下简称《规划》），提出完善华北、东北、华东、中南、西南、西北六大机场群。到 2025 年，全国民用运输机场规划布局共 370 个，其中新增布局机场 136 个。根据《规划》，到 2020 年，我国民用运输机场数量将达 260 个左右，北京新机场、成都新机场等一批重大项目将建成投产，枢纽机场设施能力进一步提升，一批支线机场投入使用。到 2025 年，全国将建成覆盖广泛、分布合理、功能完善、集约环保的现代化机场体系，形成 3 大世界级机场群、10 个国际枢纽、29 个区域枢纽。预计到 2020 年，我国机场旅客吞吐量将达到 15 亿人次，年均增长 10.4%；2025 年将达到 22 亿人次。

市场的大规模扩大必然带来航旅大数据的海量增长，其中蕴含着巨大的价值尚待挖掘，当前面临的一个重要问题是如何解决好数据安全与隐私保护的问题。

第 3 章　航旅大数据使用过程中的
安全与隐私风险

在"互联网+"的大背景下，传统旅游企业加快了与互联网和电子商务技术的结合，处于旅游产业链的上游企业纷纷通过 O2O（Online to Offline）等营销模式拓展自身的发展空间，从而使旅游六要素（食、住、行、游、购、娱）与互联网实现了全面深度融合。随着旅游企业的互联网化，我国旅游行业发生了巨大及深刻的变化，行业规模不断扩大，旅游相关数据爆炸性增长。特别是随着社交媒体技术、物联网技术、垂直搜索引擎技术等在旅游行业中的应用，旅游数据规模巨大，标志着旅游业已经进入了一个新的发展阶段——旅游大数据时代。近年来，国内外旅游行业开始重视大数据的应用，旅游企业、旅游管理部门、旅游研究机构已经开始关注、应用和研究大数据，以期望解决旅游业发展过程中的一些关键问题。航旅数据作为其中一个重要的组成部分，也同时面临着巨大的安全和隐私风险。

信息安全是指信息及信息系统免受未经授权的访问。未经授权的操作包括非法使用、披露、破坏、修改、记录及销毁等。信息安全主要涉及数据的机密性、完整性和可用性。

信息安全的实施技术包括访问控制和密码学，而数据隐私的实施技术包括模糊化、匿名化、差分隐私（Differential Privacy）及加密等。虽然信息安全技术能够保证基础设施、通信与访问过程数据的安全性，但是数据的隐私还有可能被泄露。例如，一个被授权的带有恶意的用户可以误用 Alice 的数据并与其他数据融合，这些操作可能会泄露 Alice 的隐私。虽然数据隐私和信息安全存在以上区别，但是两者的最终目的是一致的，都是为了数据能够被私密地、安全地访问和分析。

3.1　大数据中的用户隐私保护

大数据的大规模性、高速性和多样性等特征，使得它不同于小数据。针对小数据的隐私保护方法应用到大数据上时存在很大的局限性：大数据的多样性带来的多源数据融合使得传统的匿名化和模糊化技术几乎无法生效；大数据的大规模性与高速性带来的实时性分析使得传统的加密和密码学技术遇到了极大的瓶颈。此外，大规模性数据采集技术、新型存储技术，以及高级分析技术使得大数据的安全和隐私保护面临更大的挑战。

目前，大数据贯穿 7 大行业：教育、交通、商业、电力、石油天然气、卫生保健及金融业。根据麦肯锡公司分析，如果这 7 大行业之间公开数据，将带来 3 万亿美元的经济利益。然而，公开数据带来巨大经济利益的同时，也给个人和团体的隐私带来威胁。医学领域中基因研究的快速发展，使得全球超过百万人在不知情的情况下向研究人员公开了他们的 DNA 数据，这些研究可以解决心脏病、糖尿病的问题，却不可避免地会涉及个人隐私问题。例如，通过 DNA 序列分析，可以推断出某个人是否癌症患者。在社会科学领域，通过分析社交媒体服务（如 Facebook 和 Twitter）所产生的大数据，可以捕获社会人群的情感、话题、认知趋势及发掘有共同兴趣的社区等。然而，这些分析可能泄露个人的敏感信息。例如，通过分析基于位置的社交网络，可以泄露某个人的敏感位置等。

由此可见，阻碍大数据公开的主要因素是数据安全和隐私保护问题。现实中与个人或团体相关的数据确实处于风险之中。2013 年 6 月在美国发生的"棱镜门"事件提醒人们，如果数据的隐私没有得到充分保护，将会带来非常严重的后果。当前，很多研究机构同样认识到大数据的隐私问题，并积极关注和讨论大数据隐私问题。因此，在大数据时代下，保护数据中隐私信息有着重要的意义，传统的隐私保护理论和技术已经无法涵盖大数据隐私的内涵，有必要对大数据安全和隐私保护问题进行重新思考与定位。

大量事实表明，大数据未被妥善处理会对用户的隐私造成极大的侵害。但人们面临的威胁并不限于个人隐私泄露，还在于基于大数据对人们各种状态和行为的预测。一个典型的例子就是某零售商通过历史记录分析，比家长更早知道其女儿已经怀孕的事实，并向其邮寄相关广告信息。而社交网络分析研究也表明，可以通过其中的群组特性发现用户的属性。例如通过分析用户的 Twitter 信息，可以发现用户的政治倾向、消费习惯及喜好的球队等。

当前，企业常常认为经过匿名处理后，信息不包含用户的标识符，就可以公开发布了。但事实上，仅通过匿名保护并不能很好地达到保护隐私的目的。例如，AOL 公司曾公布了匿名处理后的 3 个月内部分搜索历史，供人们分析使用。虽然个人相关的标识信息被精心处理过，但其中的某些记录项还是可以被准确地定位到具体的个人。《纽约时报》随即公布了其识别出的 1 位用户：编号为 4417749 的用户是一位 62 岁的寡居妇人，家里养了 3 条狗，患有某种疾病，等等。另一个相似的例子是，著名的 DVD 租赁商 Netflix 曾公布了约 50 万用户的租赁信息，悬赏 100 万美元征集算法，以期提高电影推荐系统的准确度。但是当上述信息与其他数据源结合时，部分用户还是被识别出来了。研究者发现，Netflix 中的用户大部分对非 Top100、Top500、Top1000 的影片进行过评分，而根据对非 Top 影片的评分结果进行去匿名化（de-anonymizing）攻击的效果更好。

目前，用户数据的收集、存储、管理与使用等均缺乏规范，更缺乏监管，主要依靠企业的自律。用户无法确定自己隐私信息的用途。而在商业化场景中，用户应有权决定自己的信息如何被利用，实现用户可控的隐私保护。例如用户可以决定自己的信息何时以何种形式披露，何时被销毁，具体包括以下几方面。

(1) 数据采集时的隐私保护，如数据精度处理。

(2) 数据共享、发布时的隐私保护，如数据的匿名处理、人工加扰等。

(3) 数据分析时的隐私保护。

(4) 数据生命周期的隐私保护。

(5) 隐私数据可销毁等。

3.2　如何实现大数据访问控制

访问控制是实现数据受控共享的有效手段。由于大数据可能被用于多种不同场景，其访问控制需求十分突出。大数据访问控制的特点与难点在于以下几方面：

(1) 难以预设角色，实现角色划分。由于大数据应用范围广泛，它通常被来自不同组织或部门、不同身份与目的的用户访问，实施访问控制是基本需求。然而，在大数据的场景下，大量的用户需要实施权限管理，且用户具体的权限要求未知。面对未知的大量数据和用户，预先设置角色十分困难。

(2) 难以预知每个角色的实际权限。由于大数据场景中包含海量数据，安全管理员可能缺乏足够的专业知识，无法准确地为用户指定其可以访问的数据范围。而且从效率角度来说，定义用户所有授权规则也不是理想的方式。以医疗领域应用为例，医生为了完成其工作可能需要访问大量信息，但哪些数据能否访问应该由医生来决定，不应该由管理员对每个医生做特别的配置。但管理员同时又应该能够提供对医生访问行为的检测与控制，限制医生对病患数据的过度访问。此外，不同类型的大数据中可能存在多样化的访问控制需求。例如，在Web 2.0个人用户数据中，存在基于历史记录的访问控制；在地理地图数据中，存在基于尺度及数据精度的访问控制需求；在流数据处理中，存在数据时间区间的访问控制需求，等等。如何统一地描述与表达访问控制需求也是一个挑战性问题。

3.3　航旅数据中个人隐私的特点

大数据应用有利又有弊，整个行业因大数据的使用而获益匪浅，但个人隐私问题也越来越突显，隐私安全时时受到威胁。在航旅数据中，消费者留下了大量的个人信息，如个人基本信息、家庭成员、健康情况、位置信息，甚至是旅行目的地及偏好等。一方面，旅游企业可以利用游客个人信息进行数据挖掘分析，进行有针对性的营销；另一方面，如果这些个人隐私被非法利用，消费者将面临着巨大的风险。

航旅大数据中的个人隐私信息具有以下一些特点。

1. 个人信息的复杂性

个人隐私信息是指不愿公开或不便让他人知悉的信息。在航旅大数据收集和应用中，个人隐私到底包含哪些内容？目前，还没有统一的界定。由于旅游活动中个人隐私信息涉及内容非常广泛，为了能够较为全面地了解旅游活动中的个人隐私信息情况，按照个人信息的收集途径和使用目的，可将航旅数据中的个人隐私信息归纳为以下几类：

（1）个人基本信息，如姓名、性别、年龄、身份证号、电话号码、籍贯、工作单位、电子邮件、家庭地址、职称、职务等描述公民个人及家庭基本情况的信息。

（2）为旅行安全采集的特征信息，如特殊病史、民族、餐饮忌讳、婚姻与家庭成员、头像、身高、体重、旅行目的、旅行偏好等。

（3）个人财产及信用信息，如出境旅游需提供的收入情况、财产状况、借贷记录、纳税情况、遵纪守法情况等。

2. 个人信息的敏感性

航旅大数据中包含了大量的个人隐私信息，其中不乏敏感信息。从上面个人隐私分类中可以看出，在旅游个人隐私信息中，包含多种非常敏感的个人隐私资料，如为旅游安全或特殊旅游需要而采集的个人病史、家庭成员及联系方式等信息，为出境旅游需提供的个人或家庭财产收入证明、房产证明等信息。这些都是非常敏感的个人隐私，这些隐私资料一旦泄漏，将留下极大的安全隐患。如果被不法分子利用，将会直接或间接对个人的财产和人身造成伤害。

3. 个人隐私泄露途径的多样性

目前，航旅行业企业普遍缺乏对消费者个人资料的保护意识，个人隐私保护技术的应用也远落后于电信、金融等行业。分析航旅活动中的个人隐私泄露途径，可归结为以下几种原因：

（1）相关企业和网络平台缺乏自律。企业缺乏行业自律规范，不能妥善管理个人隐私信息。

（2）利益驱动。非法个人或组织窃取个人隐私，用于贩卖。

（3）技术原因。网络平台管理系统存在信息技术安全缺陷。

3.4　个人隐私遭侵犯的主要原因

现阶段航旅数据的开发利用仍处于起步阶段，法律法规、行业监管、企业自律、社会诚信机制等都不健全，导致在航旅数据商业化开发利用中，个人隐私被侵犯的事件屡屡发生，究其原因主要有以下几点。

1. 法律法规缺陷

由于互联网活动中个人隐私的特有性质，这使得它与传统意义上的个人隐私有很大区别，原有的法律法规很难适用。因此，很多国家都在 20 世纪 90 年代互联网的高速发展初期就制定了保护网络个人隐私的相关法律法规。而我国的个人隐私保护相关法律法规却迟迟没有出台，目前尚没有一部有针对性的专门法律。现有的几大法律中虽然有关于侵权的条文，但是主要涉及财产权和人格权等，对隐私权，特别是网络隐私缺乏具体规定。这势必造成对网络隐私侵犯行为的处罚依据模糊，惩罚力度不够，威慑力不足。

2. 行业缺乏自律

从事旅游服务的企业缺乏自律意识和自律机制，在个人信息的采集、储存和开发利用等过程中，未采取有效的技术手段和相关措施保护用户隐私，导致个人隐私的泄漏。具体表现在以下几方面：

（1）行业缺乏统一认识。在航旅大数据生命周期中涉及的相关企业数量众多、类型不一，基于自身利益，行业难以统一认识，制定有效的保护个人隐私的自律机制。

（2）缺乏第三方认证。第三方隐私保护认证是国际常用的表明企业在隐私保护方面自律能力的途径，如 TRUSTe（位于美国旧金山的一家以在线隐私封条闻名于世的公司）认证从企业对个人隐私信息收集、储存和处理过程的透明度和问责机制等方面评测企业的隐私保护能力。目前，国内旅游电商企业极少有获得第三方隐私保护认证的。

（3）企业的隐私保护声明流于形式。大多数旅游网站没有在主页等显著位置张贴个人隐私保护声明，没有提到对违反隐私保护的行为采取什么补偿措施，甚至在声明中明确指出"隐私保护声明的修改及更新权均属于网站"。可见，该声明保护的是网站而不是个人用户。

3. 利益驱动

大数据中所蕴含的价值越来越被大家认可，一些企业或个人在巨大的利益诱惑下，非法采集、窃取、挖掘和开发利用旅游数据，进行非法交易。例如，2013 年，不法分子利用技术手段和酒店管理系统的漏洞，窃取了某连锁酒店 2000 多万条住宿记录，经过处理分析后将部分数据放在网站上，提供有偿查询服务，从而攫取利益。

4. 个人缺乏防范意识

用户是个人隐私的主体，在航旅数据的生成过程中，用户个人安全意识淡薄也是导致个人隐私泄露和被非法利用的重要原因。具体表现在以下几方面：

（1）安全意识淡薄。对网上注册、预订、评论过程中所提供的个人信息可能会被不当利用的害处认识不足，以真实身份或敏感信息注册账号、发表评论等，缺乏自我保护意识。

（2）不安全的网络行为。将个人重要资料存储在空间、密码设置过于简单、安装不明插件、轻易打开链接、发表评论、上传照片等。

第 4 章 航旅信息服务的数据安全与隐私保护实践

航旅大数据的历史并不悠久，但是近年来发展迅速，势不可挡。在 1990 年前后，机票查询预定只能通过中航信的企业内部网（Intranet）。随着互联网（Internet）的发展，中国民航信息集团（以下简称"中航信"）开发了基于个人计算机的通用网络前端平台 eTerm，用户可以通过 Internet 或 Intranet 进入中航信的企业网。eTerm 是基于 TCP/IP 的、采用客户端－服务器（client-server）方式的仿真终端产品。用户可以采取灵活的接入方式，以客户（client）的身份访问中航信的服务器（server），使用其系统资源。中航信同时开发了互联网订座引擎 IBE（Internet Booking Engine），主要为商务网站开发机票预定系统使用。IBE 本身并不是一个完整的应用系统，而是提供访问中航信主机系统的 API（应用程序编程接口），客户需要在 IBE 的基础上进行二次开发。IBE 基于业界标准协议（TCP/IP），使用跨平台的 Java 技术，使得 IBE 可以运行在多种应用平台上，具有很强的伸缩性。IBE 能为客户提供统一接入主机的渠道，大大降低了各个应用系统接口的开发成本，减少推向市场的时间，有效实现自己特有的扩展应用。通过 IBE，客户可以把 CRS（Computer Reservation System，计算机分销系统）和自己的非 CRS 支持的应用系统结合起来，很容易地把航信的 CRS 应用加入现有的业务系统中去。

2003 年，国内三大航空公司之一的中国国际航空股份有限公司（Air China

Limited，简称"国航"）率先投产了中航信电子客票系统。中国南方航空股份有限公司（China Southern Airlines Company Limited，简称"南航"）、中国东方航空股份有限公司（China Eastern Airlines Corporation Limited，简称"东航"）等也相继与中航信合作推广电子客票系统，自此中国民航电子客票的建设得以全面打开。随着电子客票的全面实施，机票代理行业发生了一系列的巨变，而这种巨变是随着电子商务在机票行业产业链的深入而产生的。2004—2005 年，随着携程、艺龙等 OTA（在线旅行社）的崛起，每日订票量达到上万张，航旅数据真正开始实现了大规模的互联网化。2006 年之后，以今日天下通、51book、517NA、百拓、汇游、易行天下等为代表的 B2B（Business to Business）平台异军突起，日均交易量达到了 10 万张以上。仅 3 年时间，机票销售的网上交易量及在线支付量每年都超过 300%，呈几何级倍数迅猛增长，这是传统行业的经营手段完全不可想象和比拟的，航旅行业的数据时代真正开始。

随着竞争加剧、降低销售成本的压力增大，航空公司纷纷加强自身直销渠道的建设，逐渐降低对代理渠道的依赖。但是时至今日，国内代理已经掌握了绝大部分的销售渠道。2015 年年末，携程、去哪儿网、艺龙三家 OTA 在机票预定市场的总交易规模占比高达 51.7%，单日销售量 30 万张以上，B2B 平台逐渐没落，移动互联网渠道的绝大部分用户掌握在 OTA 手中。

社会大环境促进了航旅相关行业的市场发展和业务增长，互联网尤其是移动互联网的井喷式发展更是带动了航旅数据领域飞速前进，航旅大数据时代已经到来。

4.1 航空信息的主导供应商

中航信正式组建于 2002 年 10 月，是专业从事航空运输旅游信息服务的大型国有独资高科技企业，是隶属于国务院国资委管理的中央企业，其前身为中国民航计算机信息中心，至今已有 30 余年的发展历史。中航信为中国国内除春秋航空之外的全部航空公司和 300 余家外国及地区航空公司提供电子旅游分销（ETD），包括航班控制系统服务（ICS）、计算机分销系统服务（CRS）和机场旅客处理（APP）。中国民航信息网络股份有限公司是在 2000 年 10 月，由中国民航计算机信息中心联合当时所有国内航空公司发起成立，2001 年 2 月，在香港联交所主板挂牌上市交易，股票代码为 0696.HK。2008 年 7 月，中国民航信息集团公司以中国民航信息网络股份有限公司为主体，完成主营业务和资产重组并在香港成功上市。中航信集团公司资产总额达 173 亿元（截至 2015 年年底数据），总部设在北京，60 余家分子公司及非控股公司遍布全国及海外。

作为市场领先的航空运输旅游业信息技术和商务服务提供商，中航信被行业和媒体誉为"民航健康运行的神经"，所运营的信息系统列入国务院监管的八大重点系统之一，拥有全球最大的开账与结算计划（Billing and Settlement Plan，BSP）数据处理中心。

中航信所运营的计算机信息系统和网络系统扮演着行业神经中枢的角色，是民航业务生产链条的重要组成部分。中航信也是国资委监管企业中唯一以信息服务为主业的企业，提供的航空信息技术服务由一系列的产品和解决方案组成，服务对象主要包括国内外航空公司、机场、销售代理、旅行社、酒店及民航国际组织，并通过互联网进入社会公众服务领域。主要业务包括航空信息技术服务、结算及清算服务、分销信息技术服务、机场信息技术服务、航空货运物流信息技术服务、旅游产品分销服务、公共信息技术服务七大板块，以及与上述业务相关的延伸信息技术服务。经过三十余年的不断开发和完善，形成了相对完整、丰富、功能强大的信息服务产品线和面向不同对象的多级系统服务产品体系，极大地提高了行业参与者的生产效率。

民航是一个高度依赖信息技术的行业。从历史上来看，中航信的发展历程也是中国民航商务信息化的过程，具有浓重的国家战略色彩，先后经历了 4个阶段。

1. 起步筹备阶段（1979—1984 年）

1979 年年底，作为"七五"国家电子振兴计划重点项目之一，中国民航组成专门机构，对建立民航计算机旅客服务系统等有关问题进行调研。1980 年 4 月，民航计算机总站筹建领导小组。1984 年年初，民航计算机总站成立，隶属民航总局航行司通信处，就计算机订座系统的引进工作进行了准备。

2. 创业开拓阶段（1985—1996 年）

1986 年 7 月，中国民航引进美国的民航旅客计算机订座系统在广州投产使用。1987 年，经民航局研究决定，成立中国民用航空计算机中心，并于 1996 年改名为中国民航计算机信息中心，由事业单位改为企业单位。1988 年 9 月，机场旅客处理系统（DCS），又称为离港控制系统，首先在广州白云机场试运行。1991 年，中国航空结算中心成立，并于 1994 年推出航空收入结算系统、航空货运系统（ACS）。1996 年，民航计算机中心通过对订座系统（ICS）的改造，推出了代理人分销系统（CRS），使国内代理人分销行业得到迅猛发展。引进订座系统是为了做好民航运营保障服务的，而试行离港控制系统的初衷则是为了对订座系统进行保护。

3. 高速发展阶段（1997—2007 年）

1999 年 12 月，信天游网站正式对社会公众服务，中国民航业开始步入电子商务时代。2000 年，由中国民航计算机信息中心联合国内所有运输航空公司发起并成立了中国民航信息网络股份有限公司，并于 2001 在香港联交所主板成功上市。2001 年，由中航信承建的全球分销系统（Global Distribution System，GDS）工程主体工程通过了民航总局的验收，标志着中航信完成由区域 CRS 到具备全球旅游分销能力 GDS 的转变。2002 年，以中国民航计算机信息中心为主体，成立中国民航信息集团公司，隶属国务院国资委，中国航空结算中心划入中国民航信息集团公司管理，与中国国际航空公司、中国南方航空公司、中国东方航空公司、中国航空油料集团有限公司（简称"中国航油"）、中国航空器材集团有限公司共同组成了民航业的六大中央企业。2007 年，中航信系统旅客订座量突破 2 亿人次。

4."做强做大"阶段（2007 年至今）

2008 年，中航信发展战略进一步清晰，提出了中航信的发展目标是成为中国航空运输旅游和相关行业领先的信息技术及商务服务提供商，致力于打造具有国际竞争力的一流公司。按照"三年夯实基础，五年稳步提高，十年发展壮大"的发展步骤，通过经营方式的"四个转变"，即变"客运为主"为"客货运并举"，变"国内经营"为"跨国经营"，变"技术服务"为"技术商务双服务"，变"服务航空"为"服务航空运输和旅游"，来实施"做强做大"战略。信息技术的重要性被提到了前所未有的高度。

与此同时，数据安全和隐私保护问题的重要性日益凸显。信息服务企业生存的前提和基础就是确保信息安全。中航信始终重视数据安全及隐私，把确保信息安全放在首位，维护国家信息安全，促进行业发展，保障客户利益，努力实现信息持续安全。中航信采用相对隔离的专网系统专线接入和匿名化信息存储，在最大程度上对数据进行保护。同时，中航信还向其他企业推广数据运维与托管业务，其数据系统的安全性与稳定性广受认可。

举例来说，作为中航信几大重要系统之一，离港系统是机场为旅客办理乘机手续的关键系统。若它出现故障，则会造成航班晚点，大量旅客滞留机场的严重后果，甚至会发生群体性事件，影响社会稳定。从 2001 年开始，中航信建立离港系统三级备份安全体系：第一级是同机房主机热备，通过大型主机的松耦合技术，在单台主机发生故障的情况下，其他主机仍然能够支撑系统运行，保证业务的连续性；第二级是同城异地灾备，通过远程数据同步，将实时交易数据同步传送到另一个机房的系统磁盘上，在生产机房发生灾难性事故的情况下启用备份系统，确保在一小时内恢复系统服务；第三级是机场本地备份系统,在全国 62 家大中型机场全面部署了具有自主知识产权的新一代机场旅客处理系统(NewAPP),实现了离港系统在机场本地的实时可靠备份。到 2007 年年底,中航信建成的三级备份体系,不但在技术上具有独创性,而且其安全性、稳定性在全世界同类系统中也处于领先地位。

作为一家以信息服务为主业的中央企业,中航信始终把信息安全放在首位,把民航旅客隐私保护视为应尽的义务,并不断从自身进行完善,管理好旅客信息。另外,也从以下方面着力推动了上下游企业保护好旅客信息。

(1)不断加强系统安全管理和技术保障手段,保障企业自身的信息安全,防范各类网络攻击。

(2)积极配合公安机关,利用技术手段,成功开展了"打击防范非法侵入民航信息系统犯罪专项行动",协助相关案件调查,保护旅客利益,维护行业秩序。

(3)积极帮助其他拥有旅客信息的单位,推广强化旅客信息保护的各种技术手段,如"账号双因素认证"和"账号行为管理"等措施,保护旅客信息安全。

(4)中航信已经建立违规使用配置或权限的监控手段,对监控发现的系统配置或权限的违规使用行为予以坚决打击。

面对媒体和公众对信息安全与隐私保护的关注,中航信采取持续改进措施保证民航旅客信息安全。

(1)面向自己,不断努力,继续致力于提高系统各方面的安全管理水平和保障能力,并向行业单位推广强化旅客信息保护的各种技术手段。

(2)面向行业,中航信进一步加强违规使用配置和权限的监控手段,会同航空公司用户,继续打击违规行为,清理违规配置。

(3)面向公众,在解决信息不对称的问题上,中航信主动将服务前移,加大向广大最终旅客宣传已提供的多渠道信息服务力度,提供旅客防欺诈功能等,以便更好地帮助民航旅客获取第一手信息,防范信息诈骗。

4.2　面向企业的信息服务商

上海敬众科技股份有限公司（以下简称"敬众科技"）成立于2005年，专业从事航旅领域信息化服务，服务于航旅及其相关行业，为行业客户提供信息化服务、电子商务技术研发及行业资源平台运营。自2011年起，专注于数据分发领域，在行业中成为重要的数据服务商，为提高产业效率做出贡献。不同于携程、同程等B2C（Business to Customer）企业以个人消费者为最终用户，敬众科技的主要客户是在行业中具有较强竞争力的企业。敬众科技开发的"旅游行业信息化管理平台""机票B2B电子商务平台"等软件产品赢得了众多客户的好评，已经成为细分市场龙头。2015年年底登陆新三板并上市，成为航空数据第一股，在国内大数据屡获殊荣，将公司未来定位于交通领域大数据优质服务商。

敬众科技的客户类型主要为OTA（在线旅行社）公司、金融行业（包括银行、互联网金融）和征信机构等、保险行业（包括保险、经纪公司）。首先，敬众科技对航空业在线销售领域的产业做出了贡献，逐步成长为航空数据分发服务领域的"微信"；其次，该公司基于航旅大数据的挖掘分析，为目前主要客户——金融行业客户提供了定制化产品，覆盖贷前、贷中、贷后全流程数据支撑，有效帮助客户控制不良资产率、提高信贷收入；最后，通过大数据的分析加工，对保险在产品设计、市场营销、用户体验及后续服务提供各项支撑。通过建立航班延误预测大数据模型，替代"保险精算师"，为不同场景下的保险产品设计提供强有力的支撑；根据不同节点的数据反馈，优化保险服务，提升用户体验。同时，通过精准人群及精准场景的相关数据分析，为保险产品的营销提供参考依据。

敬众科技的客户覆盖了航空业和征信领域的巨头企业，每日提供超过1000万次的数据服务，为行业内的B2C、B2B系统的核心数据支撑做出了重要的贡献，已经成为国内最领先的航旅大数据创新服务机构之一，积累了丰富的行业资源和业务经验，开创了全新的大数据创新服务模式。目前，敬众科技的主要业务分为航空数据分发、征信数据服务和保险支撑服务三个板块，集成航旅数据分发和软件开发两大业务，为金融行业（包括银行、互联网金融）和征信机构等提供征信数据服务、为保险行业（包括保险、经纪公司）提供保险数据支撑和服务和保险产品精算解决方案。多年来公司业务规模不断扩大，年报显示，2016 年敬众科技累计为航旅服务商及金融机构提供数据服务超过 83 亿次，单日峰值达到 5000 万次，每分钟处理能力超过 10 万条，其中包括航空业运营数据、起降数据、运价数据、航空订单数据、航线数据、机票数据等数据，数据记录已达到百亿级。2016 年度公司主要收入来源于数据业务、软件开发业务，2016 年度数据业务占主营业务收入的 95.25%，基本与 2015 年的收入结构相同。

敬众科技作为航空旅游业信息技术及数据处理方案的提供商，通过向中航信及其子公司（或其他数据分发商）采购数据，对采购的数据进行整合、加工及处理实现数据增值，并基于特定的数据端口，向客户提供满足其精细化、定制化需求的数据信息。其中，中航信运营中国的 GDS 分销平台 Travelsky，除春秋航空拥有自主开发的座位控制销售系统外，其他国内航空公司的机票销售均需通过中航信的 GDS 系统。此外，国内机场离港系统也全部由中航信开发，中航信控制着机票分销系统和航班离港系统，国内每张机票的预订与销售均需通过分销系统。即 OTA 公司提供的在线机票查询、订票、选座等服务所需的数据源均来自中航信。但中航信作为航旅数据的最终供应商，其拥有的数据源具有数据量大、数据类型繁多、价值密度低等特征，很多具有价值的数据被淹没在海量的信息之中，不能为 OTA 公司直接采购使用，而需要敬众科技为其提供服务。

敬众科技主要通过航空信息互联网数据引擎和机票代理仿真终端系统进行数据分发，提供航班查询服务、机票验真服务、航班起降查询服务及其他查询服务。此外，主要针对广大 OTA 公司在线查询服务模块的个性化需求，为其提供解决方案，市场优势明显。

敬众科技在 2016 年 9 月 30 日发布的对外投资公告上称，公司拟出资设立全资子公司上海小河征信服务有限公司，注册资本为 5000 万元，经营范围为企业信用征信服务，依托其在大交通的数据质量和分析处理、技术研发等优势，开展广泛应用于金融风控领域的企业征信数据服务。

小河儿征信风控系统是敬众科技自主研发的风控管理系统，该系统包括数据循环监测、数据挖掘分析及应用 API 服务，依托分布式计算、数据可视化、云计算、人工智能等新数字技术对航旅大数据进行建模分析和应用设计。航旅大数据作为区别于金融机构在征信风控过程中使用的传统征信类数据，具备典型的互联网时代特征，可以为信贷场景的风险评估、普惠金融的困境解决提供创新的策略手段和工作思路。

目前，敬众科技在金融风控，特别在征信领域发展迅猛，形成产品并开展应用的场景化服务已经超过十个。例如，在风控服务领域，其利用自身优势，向金融机构提供特定细分领域报告，然后融入金融机构的整体风控模型中，使得金融机构能够更全面地了解贷款客户的信用情况，提高了特定业务的决策能力。

同时，敬众科技根据客户需求，为客户提供定制软件产品的开发服务，在开发系统、业务引擎和灵活的可拓展功能模块的基础上，根据客户具体业务种类和管理流程的不同，为其提供贴身的定制开发服务。软件开发业务以机票 B2B、B2C 软件研发及二手汽车业务管理应用软件系统研发为主。

敬众科技的管理团队多年从事软件及信息技术服务行业，对该行业具有深刻的认识；该公司在 2012 年时已开始布局航旅数据分发业务，4 年时间内已经建立了较为完整的服务体系，可以为客户提供全方位的个性化定制服务；经过多年的积累和努力，其分发数据客户涵盖了知名 OTA 公司，并以独特的业务模式及服务优势积累了广泛客户，在业界享有良好声誉；敬众科技的市场定位在一个专业的细分领域，虽然市场很小但具有很高的专业门槛，实际是一个蓝海市场。另外，该公司所服务的航空业，是一个高速发展的行业，随着航空业的在线渗透率不断增长，未来公司的市场空间具有巨大的增长潜力。

在数据安全方面，敬众科技自主研发了卢卡（LUCA）数据安全管理系统，利用多年累积的数据风控经验和独创的MDS256算法确保了航旅数据在保存、传输、使用环节中的安全性。LUCA 是公司的数据底层支持系统，从数据安全层面起到了防火墙的作用，是目前唯一专业应用于国内航旅大数据安全保护的管理系统。

在隐私保护方面，敬众科技采取技术和管理两方面措施，确保用户数据在未经允许时不被泄露。一方面采用封闭内网和私有加密算法，以及高安全性的网络架构，在脱敏后对数据进行存储和使用；另一方面采用分级管理和加密传输方式，在最大程度上降低隐私泄露风险。

此外，在涉及提供客户个人信息时，例如征信业务，就按照法律规定，在取得个人授权后对数据进行合理范围内的使用，充分强调用户"同意"。

根据《网络安全法》的规定，经得被收集者同意，以及做匿名化处理（剔除个人关联），是合法提供公民个人信息的两种情形。

4.3　面向个人的信息服务商

除了以中航信为代表的信息提供商和以敬众科技为代表的面向企业的信息服务商，航旅行业中与广大个人用户关系最密切的当属以携程、同程等OTA 为代表的面向个人的信息服务商。

同程网络科技股份有限公司（简称"同程"）创立于 2004 年，总部设在中国苏州，是一个多元化旅游企业集团。目前已在全国近 200 个城市设立了服务网点，并在华北、华南、华东、华西、华中、东北设有区域运营中心，在日本、韩国、泰国等海外设有分（子）公司。同程的高速成长和创新的商业模式赢得了资本市场的青睐和业界的广泛认可，先后获得了元禾控股、腾讯科技、博裕资本、万达等机构的数亿元投资；2014 年获得腾讯、携程等机构超过 20 亿元人民币投资；2015 年 7 月，又获得万达、腾讯、中信资本等超过 60 亿元人民币的战略投资。

同程是国家高新技术企业、商务部首批电子商务示范企业，已连续多年入选"中国旅游集团 20 强"，2016 年位列中国旅游企业集团第 5 位。同程以"休闲旅游第一名"为战略目标，在机票、火车票、酒店、金融等业务外，积极布局境外游、国内游、周边游等业务板块，目前在中国景点门票预订市场和邮轮领域处于领先位置。2016 年，同程拆分为同程网络和同程国际旅行社（集团）两大业务板块，分别聚焦标品和非标品业务，谋求更大发展。同程旗下运营同程旅游网（www.LY.com）和同程旅游手机客户端，以让更多人享受旅游的乐趣为使命，2016 年服务人次近 3 亿。

在信息安全方面，同程通过以下几方面努力确保在存储、传输和使用过程中的数据安全。

1. 获国家信息安全等级保护三级认证

信息系统安全等级保护是指对信息安全实行等级化保护和等级化管理。根据信息系统应用业务重要程度及其实际安全需求，实行分级、分类、分阶段实施保护，保障信息安全和系统安全正常运行，维护国家利益、公共利益和社会稳定。其核心是对信息系统特别是对业务应用系统安全分等级，按标准进行建设、管理和监督。国家对信息安全等级保护工作运用法律和技术规范逐级加强监管力度，突出重点，保障重要信息资源和重要信息系统的安全。等级保护的主要内容包括以下 4 点：

（1）对信息系统按业务安全应用域和区实行分级保护。

（2）对系统中使用的信息安全产品实行分级许可管理。

（3）对等级系统的安全服务资质进行分级许可管理。

（4）对信息系统中发生的信息安全事件分等级响应、处置。

等级保护实施的前提是分级，针对不同的等级，提出了不同的安全要求。等级保护有10个方面的要求：技术方面有物理安全、网络安全、主机系统安全、应用安全、数据安全；管理方面有安全管理机构、安全管理制度、人员安全管理、系统建设管理、系统运维管理。

2. 通过 ISO 27001 国际信息安全标准认证

ISO 27001 是指"信息安全管理体系要求"（Specification for Information Security Management Systems），是在组织内部建立信息安全管理体系（ISMS）的一套规范。其中详细说明了建立、实施、运行、监视、评审、保持和改进信息安全管理体系的模型和要求，其最终目的是通过规范的过程，建立适合组织实际要求的信息安全管理体系。

ISO 27001 是一个总的指导思想，依据是"PDCA"（Plan、Do、Check、Action）的"戴明环"管理思想。它作为一个整体的信息安全管理框架，强调的是建立一个持续循环的长效管理机制。ISO 27001 标准的第一步是风险评估，根据资产的价值和所面临的风险进行分级，然后针对不同的风险选择相应的风险处置措施。ISO 27001 标准包括 11 个方面，分别是安全策略、组织信息安全、资产管理、人力资源安全、物理和环境安全、通信和操作管理、访问控制、信息系统获取开发和维护、信息安全事件管理、业务连续性管理、符合性。

信息安全等级保护制度和 ISO 27001 信息安全管理国际标准既存在着差异又有共性，等级保护是一个宏观的信息安全政策，而 ISO 27001 标准是一个具体的信息安全管理标准。由于信息安全没有百分之百的安全，因此，无论是等级保护还是 ISO 27001 标准都在实施之前强调分级分类，只有找出信息安全保护的重点，才能把有限的资源投入信息安全的关键部位，做到统筹安排，而不是"眉毛胡子一把抓"。

3. 支付业务通过 PCI DSS 国际认证

支付卡行业数据安全标准（PCI DSS）是由 PCI 安全标准委员会的创始成员（Visa、MasterCard、American Express、Discover Financial Services、JCB 等）制定，旨在规范整个产业的安全标准。

PCI DSS 对于所有涉及信用卡信息机构的安全方面做出标准的要求，其中包括安全管理、策略、过程、网络体系结构、软件设计的要求的列表等，全面保障交易安全。PCI DSS 适用于所有涉及支付卡处理的实体，包括商户、处理机构、购买者、发行商和服务提供商及储存、处理或传输持卡人资料的所有其他实体。PCI DSS 包括一组保护持卡人信息的基本要求，并可能增加额外的管控措施，以进一步降低风险和提高数据的安全性，降低数据泄露的风险。PCI DSS 包含 6 大项、12 个小项的要求，整个 PCI 安全标准基本就围绕这些项目进行。

在系统方面，设置防火墙和 IDS（入侵检测系统），通过软硬件，对网络、系统的运行状况进行监视，尽可能发现各种攻击企图、攻击行为或攻击结果，保证网络系统资源的机密性、完整性和可用性。对网络攻击行为进行防渗透和每日审查监听，同时结合不定期的系统安全性检查，确保系统的安全和稳定。

在用户隐私保护方面，同程采用自主研发的软加密体系及对称算法对敏感信息进行加密，包括身份证信息、联系方式和银行卡信息。日志信息中对可能涉及隐私的字段采用掩码和短号方式进行处理，防止被外部攻击造成泄密。管理方面，对财务、风控、清算等重要岗位的工作人员，在其入职时会进行详细背景调查，入职后定期开展全员安全培训，从上至下树立牢固的安全意识。当内部工作人员需要对某些特定信息申请解密时，需要严格按照审批流程。为避免操作风险，相关设备不允许连接外网和插拔移动介质，同时会对桌面截图和截屏软件进行管控，进一步降低风险。

第 5 章　隐私数据脱敏的理论基础

随着大数据时代的到来，以航旅为代表的行业领域大数据中蕴藏的巨大商业价值得以挖掘并面世，同时也带来了隐私、敏感信息保护方面的棘手难题。大数据平台接入的数据中可能包含很多用户的隐私和敏感信息，如用户航班信息、酒店的入住记录、用户支付信息、用户身份信息等，这些数据可能存在泄漏的风险。大数据平台一般通过用户认证、权限管理及数据加密等技术保证数据的安全，但是这并不能完全从技术上保证数据的安全。严格地说，任何有权限访问用户数据的人员，如 ETL（Entraction-Transformation-Loading：数据提取、转换和加载）工程师或数据分析人员等，均有可能导致数据泄漏的风险。此外，没有访问用户数据权限的人员，也可能有对该数据进行分析挖掘的需求，数据的访问约束大大限制了充分挖掘数据价值的范围。通过对数据进行脱敏，在保证数据可用性的同时，在一定范围内保证恶意攻击者无法将数据与具体用户关联到一起，从而保证用户数据的隐私性，帮助政府、企业等用户解决敏感及隐私数据在共享、交换及使用过程中的难题。

5.1　隐私敏感数据的安全风险与泄露风险

隐私敏感数据与个人生活、工作密切相关，在数据的产生、存储、应用、交换等环节存在被泄露和攻击的风险。根据隐私敏感数据泄露的类型，目前用 K-Anonimity 模型、L-Diversity 模型和 T-Closeness 模型从不同角度衡量数据可能存在的隐私泄露风险。

5.1.1　隐私敏感数据种类与安全风险

隐私敏感数据又称为隐私数据或敏感数据（以下统称"敏感数据"）。常见的敏感数据有姓名、身份证号码、地址、电话号码、银行账号、邮箱地址、所属城市、邮编、密码类（如账户查询密码、取款密码、登录密码等）、组织机构名称、营业执照号码、银行账号、交易日期、交易金额等。

通常在数据平台中，上述敏感数据以结构化的格式存储，每个表由诸多行组成，每行数据由诸多列组成。根据列的数据属性，数据列通常分为以下几种类型：

（1）可识别列。可确切定位某个人的列，称为可识别列，如身份证号码、地址及姓名等。

（2）半识别列。单列并不能定位个人，但是多列信息可用来潜在地识别某个人，这些列被称为半识别列，如邮编号、生日及性别等。美国的一篇研究论文称，仅使用邮编号、生日和性别信就即可识别87%的美国人。

（3）敏感信息列。包含用户敏感信息的列，如交易数额、航班信息及收入等。

（4）其他列。其他不包含用户敏感信息的列。

通常这些与个人生活、工作密切相关的隐私敏感信息受到不同行业和政府数据隐私法规的管制。如果负责存储和发布这些信息的企业或政府无法保证数据隐私，它们就会面临严重的财务、法律或问责风险，同时在用户信任方面蒙受巨大损失。

敏感数据在其生命周期的各个环节，即数据的产生、存储、应用、交换等环节中均存在被泄露和攻击的风险。这些风险包括网络协议漏洞、数据库入侵、内部人员越权访问、社会工程学、高级持续性威胁及合法人员的错误配置等。多数企业将安全工作的重心放在外围安全和终端防护上，往往购买防火墙、反病毒软件，并对网络设备进行安全配置。但是，对于数据这一企业的核心资产而言，这种防护方式实现的能力有限。随着大数据时代信息的价值性越来越突出，企业应当将安全投资侧重于保护数据层面的攻击风险，以取得理想的安全收益。

5.1.2　隐私敏感数据泄露类型

隐私敏感数据泄露可以分为多种类型，根据不同的类型，采用不同的敏感隐私数据泄露风险模型来衡量防止隐私敏感数据泄露的风险，以及对应不同的数据脱敏算法对数据进行脱敏。一般来说，隐私敏感数据泄露类型包括以下几种：

（1）个人标识泄露。当数据使用人员通过任何方式确认数据表中某条数据属于某个人时，称为个人标识泄露。个人标识泄露最为严重，因为一旦发生个人标识泄露，数据使用人员就可以得到具体个人的敏感信息。

（2）属性泄露。当数据使用人员根据其访问的数据表了解到某个人新的属性信息时，称为属性泄露。个人标识泄露肯定会导致属性泄露，但属性泄露也有可能单独发生。

（3）成员关系泄露。当数据使用人员可以确认某个人的数据存在数据表中时，称为成员关系泄露。成员关系泄露相对风险较小，个人标识泄露与属性泄露肯定意味着成员关系泄露，但成员关系泄露也有可能单独发生。

避免隐私敏感数据泄露就是指避免使用数据的人员（数据分析师、商业智能工程师等）将某行数据识别为某个人的信息。数据脱敏技术通过对数据进行脱敏，如移除识别列、转换半识别列等方式，保证数据使用人员在可对上述转换后的半识别列、敏感信息列，以及其他列进行数据分析的基础上，在一定程度上防止其无法根据数据反识别用户，达到保证数据安全与最大化挖掘数据价值的平衡。

5.1.3 隐私敏感数据泄露风险模型

将数据开放给数据分析人员，就引入隐私数据泄露的风险。把隐私数据泄露风险限制在一定范围内的同时，最大化数据分析挖掘的潜力，是数据脱敏技术的最终目标。目前在隐私数据脱敏领域，有几个不同的模型可以用来从不同角度衡量数据可能存在的隐私数据泄露风险。

1. K-Anonymity 模型

隐私数据脱敏的第一步是对所有可标识列进行移除或是脱敏，使得攻击者无法直接标识用户。但是攻击者还是有可能通过多个半标识列的属性值识别个人。攻击者可能通过社工（知道某个人的姓名、电话、生日、性别等）或是其他包含个人信息的已开放数据库获得特定个人的半标识列属性值，并与大数据平台数据进行匹配，从而得到特定个人的敏感信息。如表 5-1 所示，如果攻击者知道某用户的手机和年龄，就可以得到该用户的目的地信息。为了避免这种情况的发生，通常需要对半标识列进行脱敏处理，如数据泛化等。数据泛化是将半标识列的数据替换为语义一致但更通用的数据。以上述数据为例，对手机号码和年龄泛化后的数据如表 5-2 所示。

表 5-1 旅客信息

手机号码	年龄	目的地
1376770abcd	27	纽约
1376020abcd	29	纽约
1376780abcd	22	纽约

续表

手机号码	年龄	目的地
1379050abcd	45	洛杉矶
1379090abcd	58	伦敦
1379060abcd	42	洛杉矶
1376050abcd	31	纽约
1376730abcd	33	洛杉矶
1366070abcd	38	洛杉矶

表 5-2　Anonymity 旅客信息

手机号码	年龄	目的地
1376*	2*	纽约
1376*	2*	纽约
1376*	2*	纽约
13790*	>40	洛杉矶
13790*	>40	伦敦
13790*	>40	洛杉矶
1376*	3*	纽约
1376*	3*	洛杉矶
1366*	3*	洛杉矶

经过泛化后，有多条记录的半标识列属性值相同，所有半标识列属性值相同行的集合被称为相等集。例如，表 5-2 中第 1、2、3 行是一个相等集，第 4、5、6 行也是一个相等集。Sama-rati and Sweeney 引入了 K-Anonymity 用于衡量个人标识泄露的风险。K-Anonymity 定义如下：

K-Anonymity 要求对于任意一行记录，其所属的相等集内记录数量不小于 K，即至少有 $K-1$ 条记录半标识列属性值与该条记录相同。

表 5-2 中的数据是一个 3-Anonymity 的数据集。作为一个衡量隐私数据泄露风险的指标，K-Anonymity 可用于衡量个人标识泄露的风险。从理论上来说，

对于 K-Anonymity 数据集，对于任意记录，攻击者只有 $1/K$ 的概率能将该记录与具体用户关联。

2. L-Diversity 模型

K-Anonymity 可用于保护个人标识泄露的风险，但是无法保护属性泄露的风险。对于 K-Anonymity 的数据集，攻击者可能通过同质属性攻击与背景知识攻击两种方式攻击用户的属性信息。

1）同质属性攻击

对于表 5-2 半标识列泛化后的数据集，假如攻击者知道张三的手机号码为 1376770abcd，年龄为 27，则张三一定对应于前面三条记录，从而可以确定张三去了纽约。

2）背景知识攻击

对于表 5-2 半标识列泛化后的数据集，假如攻击者知道李四手机号码为 1376730abcd，年龄为 35，则李四一定对应于后面三条记录。如果攻击者知道李四去洛杉矶的概率很小，就能判断李四很有可能去了纽约。

Machanavajjhala et al. 引入了 L-Diversity 用于衡量属性泄露的风险，L-Diversity 定义如下：

若对于任意相等集内所有记录对应的敏感数据的集合，包含 L 个"合适"值，则称该相等集是满足 L-Diversity；若数据集中所有相等集都满足 L-Diversity，则称该数据集满足 L-Diversity。

所谓 L 个"合适"值，最简单的理解就是 L 个不同值。基于表 5-2 的数据通过插入干扰记录，形成一个 3-Anonymity 2-Diversity 的数据集，见表 5-3。

相对于 K-Anonymity 标准，符合 L-Diversity 标准的数据集显著降低了属性数据泄露的风险。对于满足 L-Diversity 的数据集，理论上，攻击者最多只有 $1/L$ 的概率能够进行属性泄露攻击，将特定用户与其敏感信息关联起来。一般来说，是通过插入干扰数据构造符合 L-Diversity 标准的数据集，但是同数据泛化一样，插入干扰数据也会导致表级别的信息丢失。同时 L-Diversity 标准也有不足之处：L-Diversity 标准可能很难或是没有必要实现。

表 5-3　Anonymity 2-Diversity 旅客信息

手机号码	年龄	目的地
1376*	2*	纽约
1376*	2*	纽约
1376*	2*	纽约
1376*	2*	伦敦
13790*	>40	伦敦
13790*	>40	纽约
13790*	>40	洛杉矶
1376*	3*	纽约
1376*	3*	洛杉矶
1366*	3*	洛杉矶

例如，对于 HIV（人类免疫缺陷病毒）的测试数据，测试结果列可能为阴性或是阳性。对于 10000 条记录，可能 99% 的记录都是阴性的，只有 1% 是阳性的。对于用户来说，两种不同的测试结果敏感程度也是不同的，测试结果为阴性的用户可能不介意其他人看到他的测试结果，但是测试结果为阳性的用户可能更希望对别人保密。若为了生成 2-Diversity 的测试数据集，则会丢失大量的信息，降低数据分析挖掘的价值。

L-Diversity 标准无法防御以下特定类型的属性数据泄露。

1）倾斜攻击

如果敏感属性分布存在倾斜性，L-Diversity 标准很有可能无法抵御属性数据的泄露。继续以 HIV 测试数据为例，假如构造的数据集对于任意相等类测试结果都包含阴性与阳性，且阴性数量与阳性相同，该数据集肯定满足 2-Diversity。按照真实测试记录的分布，对于任意个人，攻击者只能判断其有

1% 的可能测试结果为阳性。但是对于 2-Diversity 数据集，攻击者会判断每个人有 50% 的可能测试结果为阳性。

2）相似性攻击

如果相等类的敏感属性分布满足 L-Diversity，但是属性值相似或是内聚，攻击者有可能得到很重要的信息。例如对于表 5-4，旅客数据满足 3-Diversity，攻击者若了解张三手机号码为 1376770abcd，年龄为 28，则可以确认张三的工资收入为 3000~5000 元，且能确认张三去了美国，因为前三条的城市都在美国。

表 5-4 Diversity 旅客信息

手机号码	年龄 / 岁	收入 / 元	目的地
1376*	2*	4 000	纽约
1376*	2*	3 000	波士顿
1376*	2*	5 000	加利福尼亚
13790*	>40	9 000	伦敦
13790*	>40	12 000	波士顿
13790*	>40	6 000	洛杉矶
1376*	3*	8 000	华盛顿
1376*	3*	7 000	巴黎
1366*	3*	11 000	洛杉矶

简单来说，对于 L-Diversity 相同的相等集，敏感属性值的分布信息对于保护属性泄露至关重要。L-Diversity 只是用来衡量相等集的不同属性值数量，并没有衡量不同属性值的分布。因此，其在衡量属性泄露风险上仍有不足之处。

3. T-Closeness 模型

直观地说，隐私信息泄露的程度可以根据攻击者增量获得的个人信息来衡量。假设攻击者在访问数据集之前已知的个人信息为 B0，然后假设攻击者访问所有半标识列都已移除的数据集，Q 为数据集敏感数据的分布信息。根据 Q，攻击者更新后的个人信息为 B1，最后攻击者访问脱敏后的数据集，由于知道用户的半标识列的信息，攻击者可以将某用户与某相等集联系在一起，通过该相等集的敏感数据分布信息 P，攻击者更新后的个人信息为 B2。

L-Diversity 约束是通过约束 P 的 diversity 属性，尽量减少 B0 和 B2 之间的信息量差距，差距越小，说明隐私信息泄露越少。T-Closeness 约束则期望减少 B1 和 B2 之间的信息量差距，减少攻击者从敏感数据的全局分布信息和相等集分布信息之间得到更多的个人隐私信息。T-Closeness 的定义如下：

若一个相等类的敏感数据的分布与敏感数据的全局分布之间的距离小于 T，则称该相等类满足 T-Closeness 约束。若数据集中的所有相等类都满足 T-Closeness，则称该数据集满足 T-Closeness。

T-Closeness 约束限定了半标识列属性与敏感信息的全局分布之间的联系，减弱了半标识列属性与特定敏感信息的联系，减小攻击者通过敏感信息的分布信息进行属性泄露攻击的可能性。不过，同时也肯定导致了一定程度的信息丢失。因此，管理者通过 T 值的大小平衡数据可用性与用户隐私保护。

K-Anonymity、L-Diversity 和 T-Closeness 均依赖对半标识列进行数据变形处理，使得攻击者无法直接进行属性泄露攻击，常见的数据变形处理方式见表 5-5。

表 5-5　常见数据变形操作

名称	描述	示例
Hiding	将数据替换成一个常量，常在不需要该敏感字段时	300 → 0 764 → 0
Hashing	将数据映射为一个 hash 值（不一定是一一映射），常在将不定长数据映射成定长的 hash 值时	John，Smith → 7653985643 Tom，Cluz → 3467659423
Permutation	将数据映射为唯一值，允许根据映射值找到原始值，支持正确的聚合或连接操作	Smith → Clemetz Johns → Spedfe
Shift	为数量值增加一个固定的偏移量，隐藏数值部分特征	453 → 3453 854 → 3854

续表

名称	描述	示例
Enumeration	将数据映射为新值，同时保持数据顺序	$700 \rightarrow 35000$ $200 \rightarrow 10000$
Truncation	将数据尾部截断，只保留前半部分	$023\text{-}33333333 \rightarrow 023$ $010\text{-}88888888 \rightarrow 010$
Prefix preserving	保持 IP 前 n 位不变，混淆其余部分	$19.192.30.105 \rightarrow 19.192.36.12$ $19.192.30.106 \rightarrow 19.192.53.24$
Mask	数据长度不变，但只保留部分数据信息	$54324323 \rightarrow 543\cdots23$ $18962334 \rightarrow 189\cdots34$
Floor	数据或是日期取整	$58 \rightarrow 50$ 20170720 11:43:48 → 20170720 11:00:00

此外，K-Anonymity、L-Diversity 和 T-Closeness 约束可能还需要生成干扰数据，敏感数据干扰项的生成策略与方法也是保证 K-Anonymity、L-Diversity 和 T-Closeness 的重要条件。

5.2　数据安全防护手段与数据脱敏原则

传统的数据安全防护手段包括对称/非对称加密、同态加密、访问控制、安全审计和备份恢复等，这些手段用于敏感数据防护方面仍有欠缺，无法在不妨碍已有的数据处理、操作及分析过程的同时，实现对敏感数据的针对性保护。数据脱敏在是大数据环境下最有效的敏感数据保护方法，通常遵循算法不可逆、保留原始数据特征、保留引用完整性、同步处理非敏感字段、过程自动化可重复等原则。

5.2.1　传统的数据安全防护手段

当前,对数据安全的防护手段包括对称/非对称加密、同态加密、访问控制、安全审计和备份恢复等。

1. 对称/非对称加密

加密是对原来为明文的数据按某种算法进行处理,使其成为不可读的乱码,从而达到保护数据而不被非法窃取、阅读的目的。传统加密技术由对称/非对称和散列算法构成,具有极高的安全强度,能够保证数据在传输过程中的机密性和完整性。但是,由于数据在使用时必须完全解密,对最终用户而言,敏感数据依然是明文,因而无法同时满足敏感数据安全性和可用性的需求。

2. 同态加密

同态加密允许人们通过精心设计的密码算法对密文进行特定的代数运算并解密,其结果与对明文进行同样的运算结果一致。同态加密能够从根本上解决将数据及其操作委托给第三方时的保密问题,但由于加密后的数据缺乏语义,因而除简单的统计外,无法执行更精细的数据分析、挖掘和价值发现等操作。另外,当前同态的性能也远未达到生产级别数据的处理需求。

3. 访问控制

访问控制根据预定义的数据模型和用户角色模型,对数据库、数据表的访问行为进行检测和判断,在必要时阻断查询语句以保护敏感信息的安全。

访问控制虽然提供了一定意义上的敏感数据保护能力,但是这种粗粒度的拦截方式难以满足甚至违背了大数据环境下共享交换、综合分析挖掘的需求和原则。

4. 安全审计

安全审计对数据请求进行全时严密监控,对敏感信息的访问者和访问时间进行详细的审核和记录，通过安全分析检测非法行为，并与其他手段联动对违规事件进行处置。安全审计的缺点：它是一种事后核查机制，只能在发生数据泄漏问题后才能生效，无法实时对攻击进行拦截和阻断，以实现防患于未然。

5. 备份恢复

备份恢复通过分布式存储、冗余和恢复来实现数据的容灾安全性，是一种可用性机制。

综上所述，这些手段均有各自的优点和适用场景，但它们在敏感数据防护方面仍有欠缺，无法在不妨碍已有的数据处理、操作及分析过程的同时，实现对敏感数据的针对性保护。许多组织在它们例行复制敏感数据或常规生产数据到非生产环境中时，会不经意地泄露信息。例如：

（1）大部分公司将生产数据复制到测试和开发环境中，允许系统管理员进行测试升级、更新和修复。

（2）为了在商业上保持竞争力需要新的和改进后的功能，结果是应用程序的开发者需要一个仿真环境来测试新功能，从而确保已经存在的功能没有被破坏。

（3）零售商将各个销售点的销售数据与市场调查员分享，从而分析顾客们的购物模式。

（4）药物或医疗组织向调查员分享病人的数据，以便评估诊断效果和药物疗效。

结果他们复制到非生产环境中的数据就变成了黑客们的目标，非常容易被窃取或泄露，从而造成难以挽回的损失。

5.2.2　数据脱敏的概念与原则

数据脱敏（Data Masking）又称为数据漂白、数据去隐私化或数据变形。百度百科对数据脱敏的定义：指对某些敏感信息通过脱敏规则进行数据的变形，实现敏感隐私数据的可靠保护。在涉及客户安全数据或一些商业性敏感数据的情况下，在不违反系统规则条件下，对真实数据进行改造并提供测试使用，如身份证号码、手机号、卡号、客户号等个人信息都需要进行数据脱敏。这样，就可以在开发、测试和其他非生产环境，以及外包环境中安全地使用脱敏后的真实数据集。由此可以看出，数据脱敏是在给定的规则、策略下对敏感数据进行变换、修改的技术机制，能够在很大程度上解决敏感数据在非可信环境中使用的问题。Gartner 认为，数据脱敏应成为相关企业在软件开发、数据分析和培训时的强制选项。目前，国外数据脱敏的主要实践者包括 IBM、Oracle（甲骨文）和 Informatica。它们凭借较早进入传统数据库行业、较深厚的实践经验和技术积累，占据了多数市场。而国内，数据脱敏的研究和应用刚刚起步，银行、通信运营商根据自身需求制订了一些数据脱敏解决方案，但多以静态脱敏为主，设计流程固定，工具能力有限，专用性较强，配置规则复杂，维护困难，难以满足数据交互流量的不断增长和复杂多变的安全处理需求。

数据脱敏在保留数据原始特征的条件下，按需进行敏感信息内容的变换。只有授权的管理员或用户，在必须知晓的情况下，才可通过特定应用程序与工具访问数据的真实值，从而降低这些重要数据在共享和移动时的风险。数据脱敏在不降低安全性的前提下，使原有数据的使用范围和共享对象得以拓展，因而是大数据环境下最有效的敏感数据保护方法。

任何涉及敏感信息的行业都对数据脱敏有着必然的需求。其中，金融、政府和医疗行业首当其冲。

相关单位在应用开发、测试、培训等活动中普遍使用真实数据，导致数据在暴露期间面临严重泄露风险。在数据脱敏技术的帮助下，企业能够按照数据使用目标，通过定义精确、灵活的脱敏策略，按照用户的权限等级，针对不同类别的数据，以不同方式脱敏，实现跨工具、应用程序和环境的迅速、一致性的访问限制。

数据脱敏通常应遵循如下几条原则：

（1）数据脱敏算法通常是不可逆的，必须防止使用非敏感数据推断，重建敏感原始数据。但在一些特定场合，也存在可恢复式数据脱敏需求。

（2）脱敏后的数据应具有原始数据的大部分特征，因为它们仍将用于开发或测试场合。带有数值分布范围、具有指定格式（如信用卡号前四位指代银行名称）的数据，在脱敏后应与原始信息相似；姓名和地址等字段应符合基本的语言认知，而不是无意义的字符串。在要求较高的情形下，还要求具有与原始数据一致的频率分布、字段唯一性等。

（3）数据的引用完整性应予保留。如果被脱敏的字段是数据表主键，那么相关的引用记录必须同步更改。

（4）对所有可能生成敏感数据的非敏感字段同样进行脱敏处理。例如，在学生成绩单中为隐藏姓名与成绩的对应关系，将"姓名"作为敏感字段进行变换。但是，若能够凭借某"籍贯"的唯一性推导出"姓名"，则需要将"籍贯"一并变换。

（5）脱敏过程应是自动化、可重复的。因为数据处于不停的变化中，期望对所需数据进行一劳永逸式的脱敏并不现实。生产环境中数据的生成速度极快，脱敏过程必须能够在规则的引导下自动化进行，才能达到可用性要求；另一种意义上的可重复性，是指脱敏结果的稳定性。在某些场景下，对同一字段脱敏的每轮计算结果都相同或者都不同，以满足数据使用方可测性、模型正确性、安全性等指标的要求。

5.3　数据脱敏目标确认与策略制定

脱敏目标由企业根据自身的业务运行特征、数据资产价值和风险承受能力来确定，脱敏目标确认包括主观敏感度、场景关联性、数据可用性等方面。常见的脱敏方法包括替换、无效化、置乱、均值化、反推断、偏移、格式维持加密、参考屏蔽、限制返回行数等。

5.3.1　脱敏目标确认

数据脱敏通常会带来一定的业务性能开销，其运行和维护过程也需要成本投入。企业应根据自身的业务运行特征、数据资产价值和风险承受能力确定不同的脱敏目标。脱敏目标中较为关键的部分是数据敏感程度的分级和确认，包括确认原始数据的主观敏感度、在各种使用场景下的关联性、脱敏后数据在系统开发测试方面的可用性等。敏感信息字段名称、敏感级别、字段类型、字段长度、赋值规范等内容，需要在这一过程中明确，作为脱敏策略制定的依据。

5.3.2　脱敏策略制定

脱敏策略是在脱敏过程中贯彻的规则、规范、方法和限制的统称。脱敏规则是根据数据及用户的特点而制定的全局和个别配置，用以指导脱敏过程的实现；脱敏规范是数据在处理中必须遵循的安全法规及行业标准；脱敏方法是对敏感数据进行具体变换操作的算法及流程；脱敏限制是应用脱敏方法时受到的条件和制约，如时空复杂度要求、时效性要求、接口要求等。

在脱敏策略中，脱敏方法是数据脱敏的重心和难点，包括可恢复和不可恢复两类，原理都是将原始数据转换为"看起来很真实的假数据"。

常见的脱敏方法包括以下几种。

（1）替换：以虚构的数据代替真值。例如，建立一个较大的虚拟值数据表，对每一真实值记录产生随机种子，对原始数据内容进行哈希映射替换。这种方法得到的数据与真实数据非常相似。

（2）无效化：以NULL或*****代替真值或真值的一部分，如遮盖信用卡号的后12位。

（3）置乱：对敏感数据列的值进行重新随机分布，混淆原有值和其他字段的联系。这种方法不影响原有数据的统计特性，如最大值/最小值/方差等均与原数据无异。

（4）均值化：针对数值型数据，首先计算它们的均值，然后使脱敏后的值在均值附近随机分布，从而保持数据的总和不变。均置化通常用于产品成本表、工资表等场合。

（5）反推断：查找可能由某些字段推断出另一敏感字段的映射，并对这些字段进行脱敏，如从出生日期可推断出身份证号码、性别、地区的场景。

（6）偏移：通过随机移位改变数字数据。

（7）FPE：Format Preserving Encryption，即格式维持的加密，是一种特殊的可逆脱敏方法。通过加密密钥和算法对原始数据进行加密，密文格式与原始数据在逻辑规则上一致，如都为日期、卡号、结构化值等。通过解密密钥可以恢复原始数据。

（8）基于其他参考信息进行屏蔽：根据预定义规则仅改变部分回应内容，例如，屏蔽VIP（贵宾）客户姓名，但显示其他客户等。

（9）限制返回行数：仅提供响应数据的子集，防止用户访问全部符合要求的数据。

5.4　数据脱敏的实现机制

按照作用位置、实现原理的不同，数据脱敏可以划分为静态数据脱敏（Static Data Masking，SDM）和动态数据脱敏（Dynamic Data Masking，DDM）。

随着数据脱敏的应用领域从非生产系统拓展到生产系统，业界的技术需求也逐步从 SDM 过渡到 SDM/DDM 并重。

SDM 一般用于非生产环境。在不能将敏感数据存储于非生产环境的场合中，通过脱敏程序转换生产数据，使数据内容及数据间的关联能够满足测试、开发中的问题排查需要，同时进行数据分析、数据挖掘等活动。而 DDM 通常用于生产环境，在敏感数据被低权限个体访问时才对其进行脱敏，并能够根据策略执行相应的脱敏方法。SDM 与 DDM 的区别：是否在使用敏感数据时才进行脱敏。这将影响脱敏规则的实现位置、脱敏方法和策略等参数。

目前，在传统关系型数据库中，SDM 依然是重要的数据保护方法，其执行能力、质量和可扩展性较好，适合在数据的时效性需求不高的场合中使用。然而，在大数据环境中，数据的海量、异构、实时处理将成为常态，能够在不影响数据使用的前提下，在用户层面实现数据屏蔽、加密、隐藏、审计或内容封锁 DDM 在这些方面具有更强的优势。DDM 基于横向或纵向的安全等级要求，依据用户角色、职责和其他规则变换敏感数据，其能力的发挥对大数据的广泛、合规应用至关重要。目前动态数据脱敏具有两类实现机制：基于视图的实现机制和基于代理的实现机制。

5.4.1　基于视图的实现机制

在基于视图的实现机制中，生产数据及脱敏后的数据版本通常存放在同一数据库中，用户能够访问的数据内容范围取决于其角色的权限等级。在用户访问请求发出时，该请求被与数据库集成的脱敏组件截获，高权限用户获得原始数据的完整版本，低权限用户或未使用指定方式访问的用户获得数据的脱敏版本。由于这种判决是在请求到达时刻完成的，用户与权限、脱敏数据视图的对应关系需要预先定义。在敏感数据被访问时，控制中心将收到一条通知或警告。

基于视图的动态数据脱敏的一种实现方式是编写数据库程序代码，在权限判决后对请求语句进行重写，以便寻址原始数据或脱敏数据；另一种方式是建立数据库的真实视图即虚拟数据表，使应用程序如同访问真实数据表一样访问脱敏后的数据。这种方式需要为虚拟数据表构建触发器、存储过程等，以处理数据请求，其原理如图 5-1 所示。

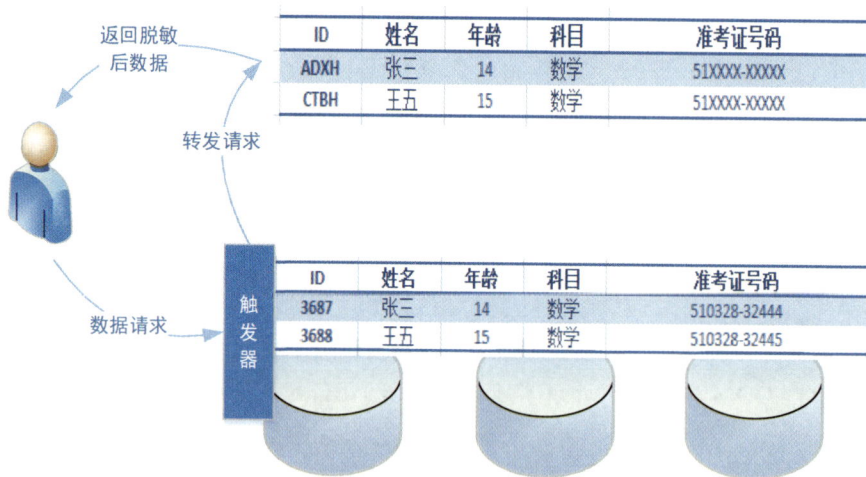

图 5-1　基于视图的动态脱敏实现机制

5.4.2　基于代理的实现机制

与视图方式相比，基于代理的实现机制适应性更强，灵活性也更高。用户的数据请求被代理实时在线拦截并经脱敏后返回，此过程对用户及应用程序完全透明。这种机制与视图方法的不同点：脱敏判决是在数据容器外实现的，因而能够适用于非关系型数据库，如大数据环境。脱敏代理部署在数据容器的出口处以网关方式运行，检测并处理所有用户与服务器间的数据请求及响应。这种实现机制的好处是，无须对数据存储方式及应用程序代码做出任何更改。

代理实现数据脱敏的具体方法是查询语句或响应语句替换。代理能自动识别目标为敏感数据的查询语句，并将语句改写为不包含敏感字段，或者对敏感字段进行变换处理的查询语句。查询结果返回代理时，会被重新计算、修改并包装为与原请求一致的格式交付用户，从而完成一次敏感信息的查询过程，其原理如图 5-2 所示。

就这两类实现机制而言，基于视图的方式尽管效率较高，但需要修改数据库结构及代码，而基于代理的方式又在扩展性和统一管理方面存在欠缺，两者均难以应对大数据环境中数据脱敏的严峻挑战。

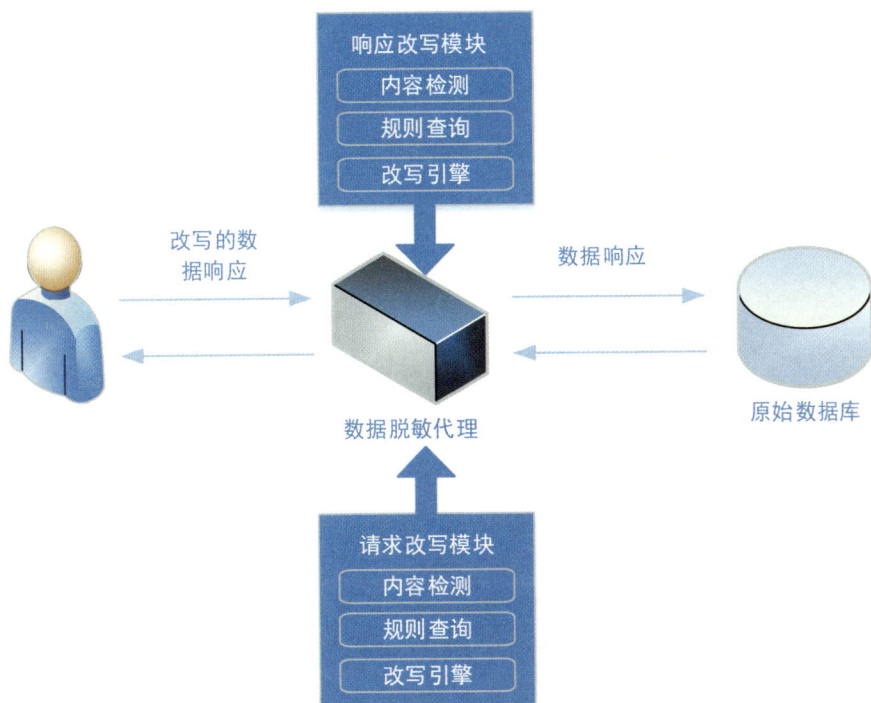

图 5-2　基于代理的动态脱敏实现机制

第6章 数据脱敏系统的设计与实现

为了保证达到一定的脱敏效果，提高脱敏效率，专业的数据脱敏系统开始逐步取代传统的手工脱敏方法。本章从数据脱敏系统的需求、作用、目标与方向、系统特点、设计难点、技术架构、处理流程、功能组成等方面对数据脱敏系统的设计与实现进行了归纳，最后以基于大数据平台的数据脱敏服务为例，为数据安全产品及相关服务设计提供思路。

6.1 数据脱敏系统的需求

过去人们往往通过手动方式直接写一些代码或脚本来实现数据的脱敏变形，例如，简单地将敏感人的姓名、身份证号码等信息替换为另一个人的，或者将一段地址随机变为另一个地址。近年来，随着各行业信息化管理制度的逐步完善，数据使用场景愈加复杂，脱敏后的数据仿真度要求逐渐提升。为保证脱敏效果准确、高效，专业化的数据脱敏系统（或数据脱敏工具，以下统一称为"数据脱敏系统"）逐渐成为大众的选择。

相比传统的手工脱敏方法，专业的脱敏系统除了保证达到一定的脱敏效果，更重要的价值点在于提高脱敏效率，这也是从手工脱敏转变为专业脱敏系统的最根本要求。

数据脱敏系统应满足生产数据面向测试场景、开发场景、培训场景和数据共享、数据挖掘、数据应用场景的敏感数据保护需求。

数据脱敏系统应符合医疗、金融、电信、能源、政府等部门对于测试、开发、培训、分析环境中的政策合规性需求。

系统应该能广泛适用于数据密集型和信息高敏感行业，在政府部门、研究机构、企/事业单位具有较好的适用性。

6.2　数据脱敏系统的作用

数据脱敏系统在防止数据泄露、提升数据质量、提高共享安全性、符合行业和国家政策在敏感数据保护上的合规性要求方面具有重要的作用。

6.2.1　防止生产数据库中的敏感数据泄露

通过对生产数据库中的个人身份信息、地址信息、银行卡号信息、电话号码信息等敏感数据进行混淆、扰乱后再提供使用，防止生产数据库中的敏感数据泄露。

通过对生产中或扰乱后的数据进行局部数据抽取，实现非生产环境下数据集合使用的最小化。

6.2.2　提升关于测试、开发和培训数据的质量

在数据漂白和数据抽取的过程中，通过内置的策略和算法，保证脱敏后数据的有效性（保持原有数据类型和业务格式要求）、完整性（保证长度不变化、数据内涵不丢失）、关系性（保持表间数据关联关系、表内数据关联

关系），以提升数据在测试、开发和培训环节的真实有效性。

6.2.3　提高数据维护和数据共享的安全性

通过对生产数据库访问者的用户名、IP 地址、工具类型、时间等多个访问者身份维度，控制其对生产数据访问结果的差异化。返回结果可以为真实数据返回、数据掩码，同时可以进行数据阻断、行数限定。

通过对不同访问者的不同防护和掩码策略，满足细粒度的生产数据访问需求。例如，数据管理员（DBA）可对数据进行维护，但不可看到敏感数据；又如，业务系统可访问全面真实数据，而商业智能（BI）系统不可看到具体用户身份信息。

6.2.4　实现隐私数据管理的政策合规性

通过脱敏系统，有效帮助企业实现对国际标准（PCI-DSS、HIPPA）、行业监管要求（如电信运营商和银行业对客户资料敏感信息和测试、开发环节的数据保护要求），实现企业在测试和开发环节对敏感数据的保护需求。

6.3　数据脱敏系统的设计目标与方向

用户隐私数据保护与挖掘用户数据价值是两个互相冲突的矛盾体：一方面，彻底的数据脱敏，需要抹去全部的用户标识信息，使得数据潜在的分析价值大大降低；另一方面，完全保留用户隐私数据信息，可最大化数据的分析价值，同时却导致用户隐私泄露的风险无法控制。因此，数据脱敏平台的设计目标并不是通过工具算法完全抹去全部的用户标识信息，而是包括如下几个目标：

（1）数据泄露风险可控。首先，实现脱敏算法库可并行、高效地按照脱敏规则对隐私数据进行脱敏。其次，基于数据脱敏的理论基础，建立用户隐私数据泄露风险的衡量模型，可定性/定量地准确衡量数据可能发生泄露的风险。

（2）可管理。结合用户认证体系、权限管理体系，以及隐私数据不同保护级别的权限管理体系，建立对隐私数据基于审批的数据访问机制。结合企业制度、规范、法务等，在尽可能保护用户隐私数据、减少数据泄露风险的前提下，最大化数据分析挖掘的价值。

（3）可审计。对数据的访问要保证可回溯、可审计；当发生数据泄露时，要保证能够通过审计日志找到对应的泄露人员。

数据脱敏平台的设计方向一般包括静态大数据脱敏平台和动态大数据脱敏平台，所谓静态和动态之分，主要在于脱敏的时机不同。对于静态脱敏来说，数据管理员提前对数据进行不同级别的脱敏处理，生成不同安全级别的数据，然后授予不同用户访问不同安全级别数据的权限。对于动态脱敏来说，管理员通过元数据管理不同用户访问具体数据的安全权限，在用户访问数据的时候，从原始数据中按照用户权限动态地进行脱敏处理。

6.4　数据脱敏系统应具有的特点

一个高效的数据脱敏系统应当具有便捷易用的自动发现功能、智能高效的数据梳理功能、高适应性的方案配置能力、完善而灵活的任务管理能力等特点。

6.4.1　便捷易用的自动发现功能

发现敏感数据是进行数据脱敏的前提，而用户常常为敏感数据的筛选环节而头疼，从众多数据库中筛选出敏感数据并保证不遗漏、不打乱数据原有关系，这需要大量的人力与时间。数据脱敏系统应该内置针对不同行业的敏感数据发现规则，能够自动发现如姓名、身份证号码、电话号码、银行账户、日期、地址、税号、金额等敏感信息，内置全面发现规则，高准确性识别，避免使用者从海量的数据库表中自行挑选敏感数据列的繁重工作，将复杂隐藏在系统背后，给客户带来便捷易用的感受。

6.4.2　智能高效的数据梳理功能

为了确保脱敏后的数据具有高度仿真的关联性和一致性，系统可以根据自动发现的敏感数据，智能地分析数据之间的关系，并且将敏感数据关系图谱清晰地呈现在使用者眼前。这种自动梳理后呈现的"敏感数据字典"无须用户过度干预，为各类生产环境中的敏感数据使用规则提供数据基准。

6.4.3　高适应性的方案配置能力

根据脱敏数据使用场合划分，可分为开发场景、测试场景和数据分析场景，不同场景对于同一敏感数据的脱敏要求不同。

开发场景下的敏感数据只需对少量数据进行简单的随机替换，而测试场景、数据分析场景下不仅需要全量的脱敏数据，而且需要保证变形后的数据仍然保持原有的唯一性、确定性和数据分布关系。简单来说，就是保证脱敏后数据的类真实性，不会影响测试及分析场景下的应用，这一点非常关键。而数据脱敏系统根据不同场景制订有针对性的不同脱敏方案，并且方案配置后可重复使用，在大大降低人力成本的前提下，适用性得到大幅提高。

6.4.4　完善而灵活的任务管理能力

具有完善的脱敏任务管理机制，可对任务进行停止、启动、重启、暂停、继续等操作，适应工作节奏的变化；支持多任务并发，充分利用系统资源，提高脱敏效率，并且可以根据用户的配置自动定期执行任务，无须人工干预，真正做到智能而人性化的任务管理。

6.5　数据脱敏系统的设计难点

将敏感信息从非生产环境中移除看似很容易，但是在很多方面还是很有挑战性的。

首先遇到的问题就是如何识别敏感数据，敏感数据的定义是什么？有哪些依赖？应用程序是十分复杂并且完整的，知道敏感信息在哪并且知道哪些数据参考了这些敏感数据是非常困难的。敏感信息字段的名称、敏感级别、字段类型、字段长度、赋值规范等内容在这一过程中被明确，作为脱敏策略制定的依据。

一旦敏感信息被确认，下一步最重要的就是保持应用程序完整性的同时，确定进行脱敏的方法。简单地修改数值可能会中断正在测试、开发或升级的应用程序，例如遮挡客户地址的一部分，可能会使应用程序变得不可用，开发或测试变得不可靠。

脱敏的过程就是一个在安全性和可用性之间平衡的过程。在安全性是 0% 的系统中，数据不需要进行脱敏，因为数据库中都是原来的数据，可用性当然是 100%；在安全性是 100% 的系统中，只有所有的数据全都存一个相同的常量才能实现。

因此，选择或设计一种既能满足第三方的要求又能保证安全性的算法就变得特别重要。

选定了敏感数据和要施加的算法，剩下的就是如何实现、在什么过程中进行脱敏。

6.5.1　敏感数据识别

通常通过两种方式识别敏感数据。第一种是通过人工指定，例如通过正则表达式来指定敏感数据的格式，Oracle 公司开发的数据屏蔽软件包（Oracle Data Masking Pack）中就使用了这一种方法。

第二种方式就是自动识别，通过基于数据特征学习及自然语言处理等技术进行敏感数据识别的自动识别，在 GitHub 上有一个用 Java 实现的工程 chlorine-finder，其具体原理是通过提前预置的规则来识别一些常见的敏感数据，例如信用卡号，SSN（社会安全号码）、手机号、电子邮箱、IP 地址、住址等。

敏感数据识别是智能数据脱敏系统中的核心和关键。大数据环境中，非结构化数据占 85% 以上，因而非结构化数据的敏感数据识别、发现、处理是迫切需要解决的问题。否则，数据脱敏系统的实用性将大打折扣。图 6-1 描述了数据库（主要是结构化数据）和文件（主要是非结构化数据）的敏感数据识别方法，其核心技术采用数据特征学习及自然语言处理等技术进行敏感数据识别。

敏感数据识别分两个阶段进行，即数据源注册和数据脱敏任务执行。

（1）数据源注册阶段。数据源注册时，系统将连接注册数据源，一方面验证数据源的联通性，另一方面将获取该数据源的元数据和部分样例数据。系统将对样例数据执行一次敏感数据的初步识别。

数据源注册

数据脱敏执行

用户注册数据源

用户选取待脱敏数据源

数据库地址、用户名、密码、端口号

用户配置敏感数据识别类型

连接数据源

执行数据脱敏

读取数据库表结构及元数据

数据脱敏系统解析SQL语句

数据库元信息

长文本字段 —是→ 连接数据源

检查请求数据字段

输出识别结果

否

取前N条数据进行数据识别

数据传输过程中进行敏感数据发现

是否标示为长字段 —否→ 查询字段识别结果

输出识别结果

输出识别结果

敏感数据识别引擎

是

获取数据流中的数据

敏感数据辅助识别 ←否— 是否识别

敏感数据识别引擎

是

敏感字段识别库 ← 记录字段识别结果

输出识别结果

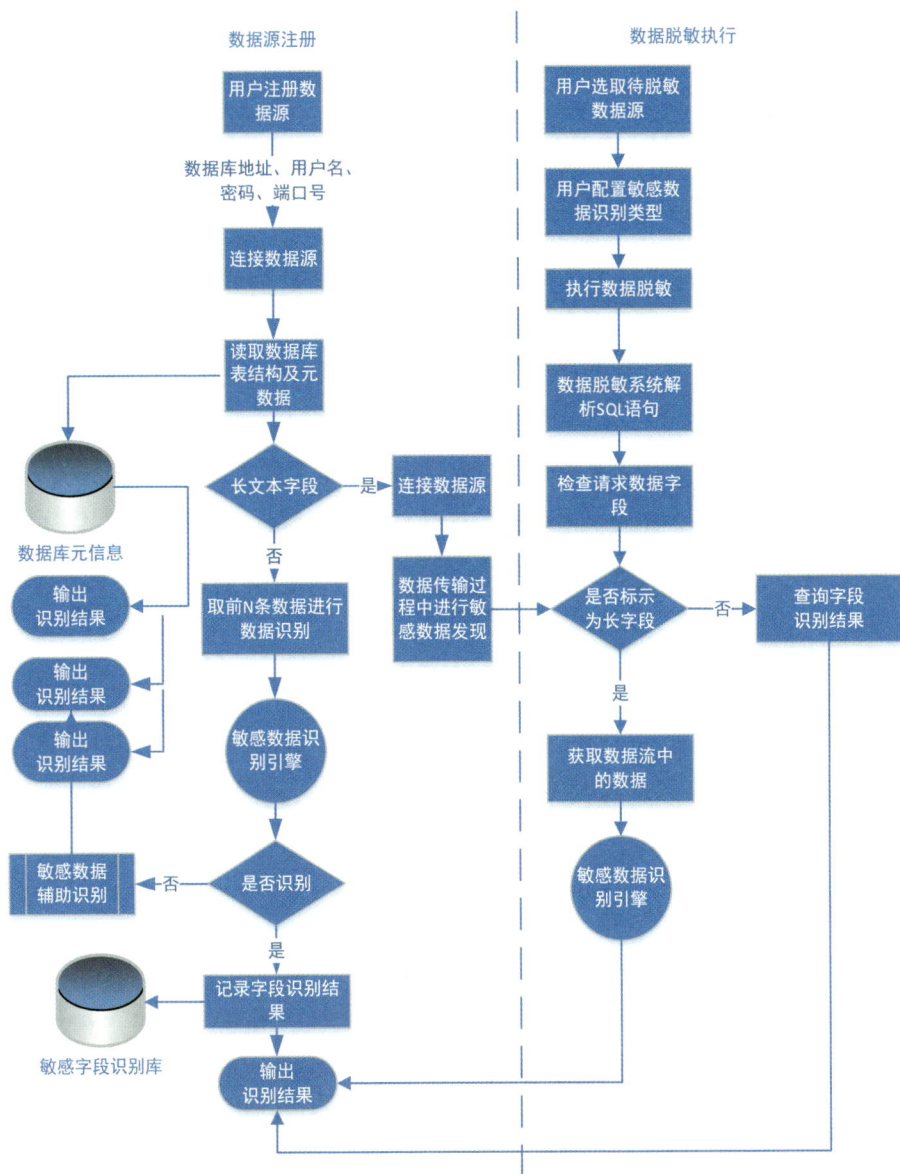

图 6-1　敏感数据识别方法

其步骤如下：

①系统识别并获取的样例数据，通过其数据类型（字符、数值等）和数据内容进行敏感数据识别。

②敏感数据识别由敏感数据识别引擎完成；敏感数据识别引擎采用规则、知识库，以及自然语言处理中的命名实体识别、特征词提取、特征密度计算等方式进行智能识别。

③如果字段属于长字段，那么对该字段进行标记。

④如果字段不属于长字段，但无法进行敏感数据识别，此时系统将对其字段描述进行语义分析和理解，补充相关信息后再进行识别。

⑤识别出的字段将存储在敏感字段识别库中。

（2）数据脱敏任务执行阶段。为提高敏感数据发现及数据脱敏的效率，在脱敏任务执行阶段，主要对长字段进行识别，步骤如下：

①系统根据用户配置的参数，对访问数据库的所有 SQL 语句进行解析，首先在敏感数据字段库中查验哪些属于敏感字段，已识别出的敏感字段按其脱敏策略执行脱敏。

②若字段为长字段，则获取每一条流经系统的数据，送入敏感数据识别引擎，作为文本型数据进行识别。文本中可能包含多种敏感数据类型。

③根据识别结果进行脱敏。

6.5.2　数据脱敏算法

在数据脱敏系统中，算法的选择一般是通过手工指定，例如，Oracle 的数据脱敏包中就预设了关于信用卡的数据选择什么算法进行处理，关于电话的数据怎么处理。用户也可以进行自定义的配置。

脱敏算法有很多种，如 k- 匿名、L- 多样性、数据抑制、数据扰动、差分隐私等。

1. k- 匿名

匿名化原则是为了解决链接攻击所造成的隐私泄露问题而提出的。链接攻击是这样的：一般企业都会为某些原因而公开的数据进行简单的处理，如删除姓名这一列，但是如果攻击者通过对发布的数据和其他渠道获得的信息进行链接操作，就可以推断出隐私数据。

$k-$ 匿名是数据发布时保护私有信息的一种重要方法。$k-$ 匿名技术是 1998 年由 Samarati 和 Sweeney 提出的，它要求发布的数据中存在至少 k 条在准标识符上不可区分的记录，使攻击者不能判别出隐私信息所属的具体个体，从而保护了个人隐私。$k-$ 匿名通过参数 k 指定用户可承受的最大信息泄露风险，但容易遭受同质性攻击和背景知识攻击。

2. L– 多样性

$L-$ 多样性是在 $k-$ 匿名的基础上提出的，外加了一个条件，就是同一等价类中的记录至少有 L 个"较好表现"的值，使得隐私泄露风险不超过 $1/L$。"较好表现"的值可通过多种设计而得到，例如这几个值不同，或者信息熵至少为 $\log L$ 等，但容易受到相似性攻击。

3. 数据抑制

数据抑制又称为隐匿，是指用最一般化的值取代原始属性值。在 $k-$ 匿名化中，若无法满足 $k-$ 匿名要求，则一般采取抑制操作，被抑制的值要不从数据表中删除，要不相应属性值用 "**" 表示。

```
>>>s = "CREDITCARD"
>>>s[-4:].rjust (len (s) , "*")
'******CARD'
```

4. 数据扰动

数据扰动是通过对数据的扰动变形使数据变得模糊，从而隐藏敏感的数据或规则，即将数据库 D 变形为一个新的数据库 D′ 以供研究者或企业查询使用。这样，诸如个人信息等敏感的信息就不会被泄露。通常，D′ 会和 D

很相似，从 D′中可以挖掘出和 D 相同的信息。这种方法通过修改原始数据，使得敏感性信息不能与初始的对象联系起来或使得敏感性信息不复存在，但数据对分析依然有效。

Python 中可以使用 faker 库来进行数据的模拟和伪造。

```python
from faker import Factory
fake = Factory.create ()
fake.country_code ()
# 'GE'
fake.city_name ()
# '贵阳'
fake.street_address ()
# '督路 1 座'
fake.address ()
# '辉市哈路 b 座 176955'
fake.state ()
# '南溪区'
fake.longitude ()
# Decimal ('-163.645749')
fake.geo_coordinate (center=None, radius=0.001)
# Decimal ('90.252375')
fake.city_suffix ()
# '市'
fake.latitude ()
# Decimal ('-4.0682855')
fake.postcode ()
# '353686'
fake.building_number ()
# 'o 座'
fake.country ()
```

```
#  '维尔京群岛'
fake.street_name()
```
'姜路'

数据扰动的相关技术有一般化与删除、随机化、数据重构、数据净化、阻碍、抽样等。

5. 差分隐私

差分隐私是现在比较热门的一种隐私保护技术，它是基于数据失真的隐私保护技术，采用添加噪声的技术使敏感数据失真但同时保持某些数据或数据属性不变，要求处理后的数据仍然可以保持某些统计方面的性质，以便进行数据挖掘等操作。

差分隐私保护可以保证在数据集中添加或删除一条数据不会影响查询输出结果，因此，即使在最坏的情况下，即在攻击者已知除一条记录之外的所有敏感数据的情况下，仍可以保证这一条记录的敏感信息不会被泄露。

关于动态脱敏系统的实现，现在一般有两种方法：一种是重写数据库程序代码，在权限判决后对请求语句进行重写，从而查询数据；另一种是用户的 SQL 语句通过代理后，代理会对其中部分敏感信息进行语句的替换，并且在返回时会重新包装成与原请求一致的格式再交给用户。

6.6　数据脱敏系统的技术架构

数据脱敏系统的技术架构从下至上由四个层次构成，即资源层、数据层、服务层和应用层。横向包含两大管理功能，即安全管理和运维管理。数据脱敏系统的技术架构如图 6-2 所示。

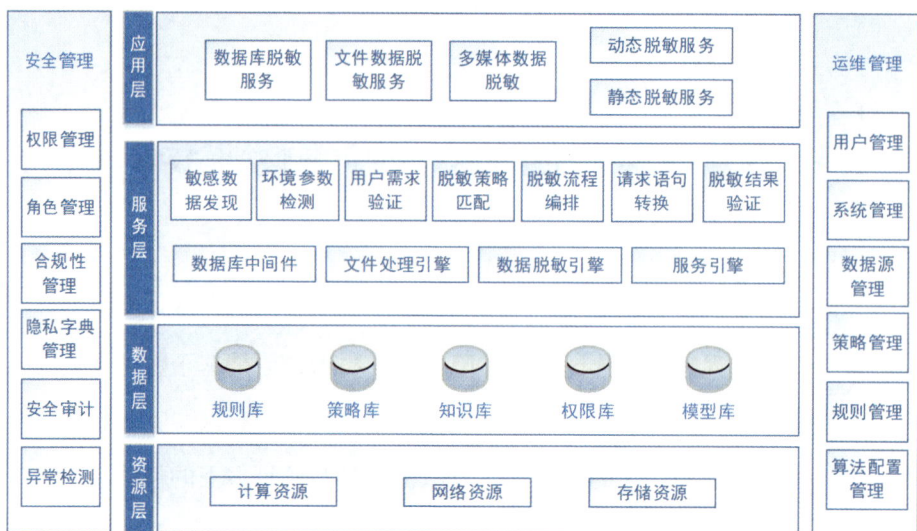

图 6-2　数据脱敏系统的技术架构

（1）资源层：为数据脱敏服务提供基础性物理资源，包括计算资源、网络资源和存储资源等。

（2）数据层：包括支持系统完成敏感数据发现，脱敏的各类数据库及知识库，针对不同敏感数据的脱敏规则库，管理规则及规则集合的脱敏策略库，支持敏感数据发现的本体知识库和机器学习所形成的模型库，运维管理和安全管理所需的权限库等。

（3）服务层：以松耦合的方式承载数据脱敏所需的一系列核心服务及中间件，提供数据脱敏、规则化和服务化三大引擎，支撑大数据多元异构敏感数据的发现和脱敏操作。

（4）应用层：面向最终用户，按照数据类型，提供数据库脱敏、文件脱敏及多媒体脱敏；按照业务需求，分为测试和研发过程所需的静态脱敏和生产过程中对敏感数据访问及应用的动态脱敏。

（5）运维管理：包括用户、策略、数据源等系统要素及配置的管理，确保系统的可用性。

（6）安全管理：包括权限、角色和合规性等安全隐私要素及配置的管理，确保系统的对外安全性和自身安全性。它与运维管理协同运作，使数据脱敏服务的运行时刻处于严密和安全的防护及监控之下。

6.7　数据脱敏系统的处理流程

数据脱敏系统主体流程包括脱敏需求配置、敏感数据识别、脱敏策略配置、脱敏服务运行和脱敏状态监控五个环节。

（1）脱敏需求配置：根据用户的资产重要性和数据价值对脱敏的粒度、强度和目标进行定义和配置。

（2）敏感数据识别：对目标系统的全量数据进行智能识别，获取用户数据源中的元数据元信息、数据结构等；对数据字段的内容进行分析，对格式和语义进行识别，对主键/外键进行处理，识别出系统中存在的敏感数据。

（3）脱敏策略配置：提供两种脱敏策略的配置方式：一种是基于系统内置的敏感数据类型，采用智能推荐方式进行脱敏策略的配置；另一种是支持用户自定义脱敏策略及更改合适的脱敏算法。

（4）脱敏服务运行：按照用户需求进行静态数据脱敏和动态数据脱敏。

（5）脱敏状态监控：持续对脱敏系统的运行情况进行监控和审计，及时发现异常并做出响应。定期将综合后的运行结果反馈给用户，完善脱敏需求配置，提升脱敏效果。

6.8　数据脱敏系统的主要功能

数据脱敏系统按数据类型划分，主要有数据库脱敏、文件脱敏、图片及视频脱敏，其功能包括敏感数据识别、数据脱敏、脱敏验证三个部分，如图6-3所示。

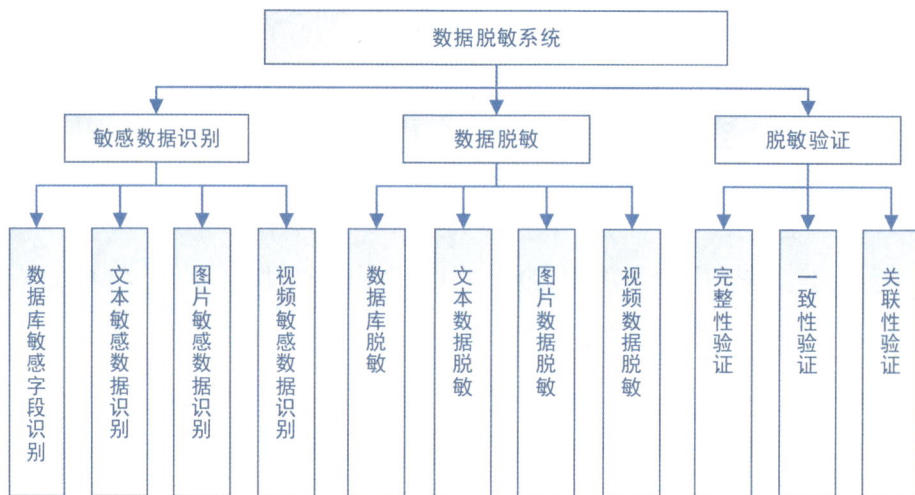

图 6-3　数据脱敏系统功能

（1）敏感数据识别：将针对不同数据的特点，设计敏感数据识别所需的模型、算法和知识库等，以覆盖数据库中敏感字段的识别、文本中敏感数据的识别、图片和视频中的敏感区域识别等。

（2）数据脱敏：针对不同类型的数据形态，在不破坏其数据格式和可用性的情况下进行数据脱敏处理。例如，当对Word文件中的数据执行脱敏时，脱敏完成后文件格式依然为Word。需要注意的是，针对不同的数据类型其脱敏的方式和方法也将会有所不同。

（3）脱敏验证：数据脱敏的本质是通过数据变形来保证对敏感信息的保护，主要目标是安全使用数据。如果脱敏后的数据导致可用性降低或丧失，将失去数据脱敏的意义。因此，对脱敏后的数据必须在完整性、一致性及关联性三个方面进行验证。

6.9 基于大数据平台的脱敏服务

随着大数据技术的发展和分布式计算技术的成熟，基于大数据平台的脱敏服务为数据安全产品及相关服务设计提供了全新的思路和支撑环境，非常适合数据脱敏这一计算密集、时间敏感型的应用。基于大数据平台的敏感数据智能探测、智能分析与统计、智能处理平台，有望成为数据安全产品的重要发展方向。

按照动态数据脱敏的基本原理和需求，可以将数据脱敏系统的存储和计算依托大数据平台，提供数据脱敏服务（Data Masking as a Service，DMaaS），以集中控制和分布代理方式运行，面向政府数据、医疗／教育行业数据和金融数据等，进行按需定制和调用的脱敏服务，如图 6-4 所示。

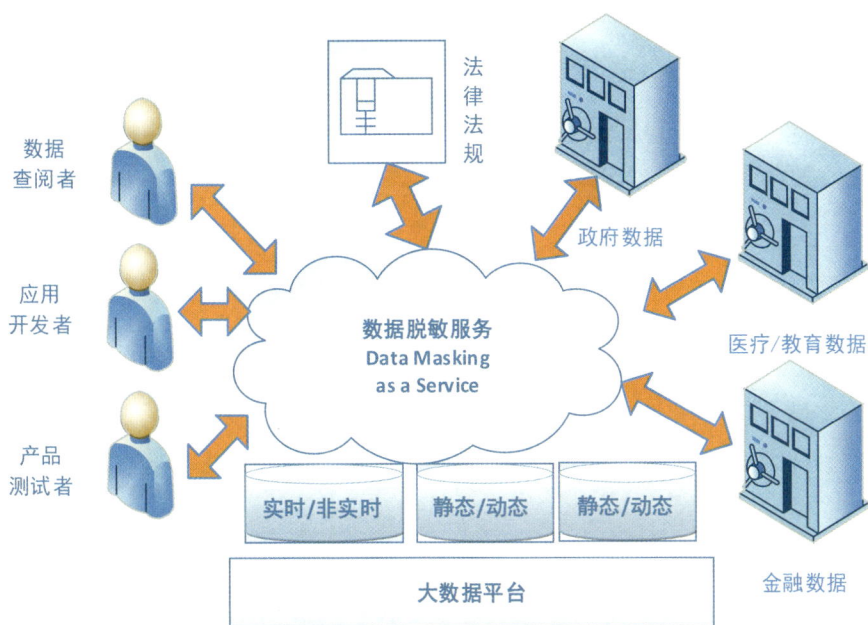

图 6-4　基于大数据平台的动态数据脱敏服务

数据脱敏系统作为数据拥有者和数据使用者之间的关联途径，承载数据安全隐私保护的重要使命。大数据脱敏平台以集中、松耦合方式进行数据的保护与处理，为企业拥有的敏感和隐私信息提供灵活、实时的服务，不必对应用程序和数据库进行昂贵且耗时的变更，也不会干扰开发、测试及数据使用者履行其各自的职责。

根据应用场景，DMaaS可以划分为劳务、承包、中转和托管四种应用模式。

（1）劳务模式：静态数据脱敏（SDM）实现方式，按照用户需求将需要脱敏的数据一次性转换完毕，并将结果交付用户。

（2）承包模式：私有化动态数据脱敏（DDM）实现方式，在用户生产/测试环境中搭建DMaaS，持续运行脱敏功能。

（3）中转模式：公有化DDM实现方式。在用户数据环境外搭建DMaaS，应用程序运行结果在呈现前由脱敏服务处理并交付用户，实现业务流程的灵活调用。

（4）托管模式：公有化DDM/数据仓库实现方式。

用户的所有敏感数据存放在DMaaS中，需要访问数据时调用脱敏服务，处理后提交给用户。这种模式有利于数据的集中监管和高强度隐私保护。

第7章 数据脱敏的综合评价

目前在实际工作中，还缺乏用来系统、全面地评估数据脱敏需求及脱敏方法的统一标准，各行业（领域）和企业在数据脱敏方面难以达成一致原则，相关工作缺乏规范指导，随意性较大。下面提出的评价体系仅供参考。

7.1 数据脱敏综合评价指标体系

数据脱敏工作通常涉及数据使用方及数据管理方两方面。数据脱敏不仅要保证数据敏感性被去除后，尽可能地满足使用方的应用需求，还要确保其技术方案是可行且易于管理的。综合两方面因素，现从有效性、真实性、高效性、稳定性及多样性五个方面提出一种全面的数据脱敏评价指标体系。

1. 有效性

数据脱敏的最基本原则就是要去掉数据的敏感性，保证数据安全，这是对数据脱敏最基本的要求，即有效性。

有效性主要从以下两个方面进行评价：

（1）相对于原有数据，脱敏后数据敏感性的去除程度。例如，对客户姓名采用置为常数的方法进行脱敏，脱敏后所有敏感的姓名数据都被置为某个没有敏感性的字符串，即数据敏感性完全去除；或者对客户姓名采用屏蔽若干位字符的方法（如把张三置为张*）进行脱敏，脱敏后数据仍然保留具有敏感性的姓信息，即数据敏感性部分去除。

（2）脱敏后数据可能被反推回具有敏感性原始数据的程度。采用的脱敏方法不一样，其破坏脱敏轨迹的程度也不一样，从而最终导致脱敏后数据被反推回脱敏数据的程度也不一样。例如，对客户姓名采用置为常数的方法进行脱敏，脱敏结果不可能被反推回原始数据；或者对客户姓名采用按偏移值查姓名表的方法（按配置的固定偏移值选取表中假的姓名）进行脱敏。如果姓名表及配置偏移值泄露，那利用脱敏结果是可能反推出原始数据的。

2. 真实性

数据最终是要应用的，越能真实体现原始数据特征的脱敏后数据，越能更好地满足具体应用的需求。这是从数据使用方的角度对数据脱敏提出的基本要求，即真实性。

真实性主要从以下两个方面进行评价：

（1）相对于原有数据，脱敏后数据业务逻辑特征的保留程度。任何数据都是具备一定业务逻辑特征的，例如客户姓名、身份证号码、交易金额等数据都有明显的特征。对客户姓名采用置为常数的方法进行脱敏，脱敏后数据完全保留了客户姓名的特征；或者对客户姓名采用每个姓名字符的码值偏移固定值的方法进行脱敏，则脱敏后数据为乱码，完全丧失了客户姓名的特征。

（2）相对于原有数据，脱敏后数据统计分布特征的保留程度。任何数据都是具备一定统计分布特征的，例如客户姓名数据中，有单姓多、复姓少、大姓多、小姓少、一些字符高频出现、一些字符根本不会出现等情况。对客户姓名采用置为常数的方法进行脱敏，脱敏后数据统计分布特征完全被破坏；或者对客户姓名采用按偏移值查姓名表的方法（按配置的固定偏移值选取表中假的姓名）进行脱敏，由于姓名表的数量远小于真实情况，故脱敏数据部分保留了统计分布特征；对客户姓名采用每个姓名字符的码值偏移固定值的方法进行脱敏，则完全保留了客户姓名的特征。

3. 高效性

不同的数据脱敏方法在实施时难度是不一样的，能否高效地完成数据脱敏，是从数据管理方的角度对数据脱敏提出的重要要求，即高效性。

高效性主要从以下两个方面进行评价：

（1）脱敏方法实施的时间占用情况。实施脱敏的时间及计算资源占用越少越好。

（2）脱敏方法实施的空间占用情况。实施脱敏必需的存储空间越少越好。

4. 稳定性

由于原始数据之间存在关联性（如两张表中都有客户姓名数据，并且业务要求两张表的客户姓名必须一致），如果对两张表分别脱敏后客户姓名数据不一致了，就会影响后期应用，这就要求数据脱敏方法保证相同的原始数据。只要配置参数一定，无论脱敏多少次，结果数据是相同的，即稳定性。

5. 多样性

多样性即数据脱敏根据需求不同而可能生成不同脱敏结果的程度，这是从数据管理方的角度对数据脱敏提出的高级要求。一般情况下，有配置参数的数据脱敏方法都可以因输入参数不同而产生不同的结果，从而使得数据管理方可以方便地按应用场景、应用环境等因素，为不同的项目提供不同的脱敏后数据环境，去除多个项目所使用数据的关联性，提高多项目数据使用的安全性。

7.2 不同场景的数据脱敏需求分析

不同的应用场景对数据脱敏的需求不同。这里将数据脱敏综合评价体系中的五维评价指标进行分级细化，以商业银行测试数据脱敏作为具体场景说明数据脱敏需求的基础。

为简化分析，本节将场景对于单个指标的最低要求从低到高分为三级或两级，以数字1、2、3等代表不同分级。其中，1代表场景对于该指标的要求最低，能容忍其表现不佳；2代表场景对于该指标的要求中等，能容忍其表现一般；3代表场景对于该指标的要求最高，需要其表现优秀。

各指标具体分级依据如下。

1. 有效性

1级：相对于原有数据，脱敏后数据敏感性可允许部分非关键信息残留；脱敏后数据不易被反推回原始数据，若泄露多项关键配置数据，则可能被反推，但反推难度较大。

2级：相对于原有数据，脱敏后数据敏感性必须全部去掉；脱敏后数据不易被反推回原始数据，若泄露多项关键配置数据，则可能被反推，但反推难度较大。

3级：相对于原有数据，脱敏后数据敏感性必须全部去掉；无论泄露多少配置数据，脱敏后数据不能被反推回原始数据。

2. 真实性

1级：相对于原有数据，脱敏后数据业务逻辑特征可允许被完全破坏；相对于原有数据，脱敏后数据统计分布特征可允许被完全破坏。

2级：相对于原有数据，脱敏后数据业务逻辑特征要在一定程度上保留；相对于原有数据，脱敏后数据统计分布特征要在一定程度上保留。

3 级：相对于原有数据，脱敏后数据业务逻辑特征要尽可能保留；相对于原有数据，脱敏后数据统计分布特征要尽可能保留。

3. 高效性

1 级：脱敏方法实施时能容忍较大的时间或空间占用。

2 级：脱敏方法实施时能容忍较小的时间或空间占用。

3 级：脱敏方法实施时要尽可能降低时间或空间占用。

4. 稳定性

1 级：脱敏方法无须保证配置参数一定时，无论进行多少次处理，结果都一致。

2 级：未定义。

3 级：脱敏方法必须保证配置参数一定时，无论进行多少次处理，结果都一致。

5. 多样性

1 级：脱敏方法无须根据配置参数的不同而生成不同的脱敏结果。

2 级：脱敏方法需要根据配置参数的不同而生成不同的脱敏结果，可选结果接近有限集合。

3 级：脱敏方法需要根据配置参数的不同而生成不同的脱敏结果，可选结果接近无限集合。

在对具体场景进行分析时，着重从五个指标来分析该场景下数据脱敏的最低需求，如下面两个场景：

场景一， 网上银行"查询交易"功能测试。这一功能需要执行 20 余个（配套卡数据 20 余个）正反向测试用例。当使用卡号和密码登录网上银行时，点击账户查询，输入要素包括卡号和密码，输出要素包括账号、币种、开户行、开户时间、账户注册类型、账户状态、当前余额、可用余额、交易日期、交易时间、收入金额、支出金额、本次余额、对方账号、交易行名、交易渠道、交易说明、交易摘要等。

场景二，银行资金交易系统"现券交易＿提交合规交易"性能测试。对现券交易＿提交合规交易进行单交易负载测试，10 个用户并发访问，单批次执行需要 30 分钟，共对比测试 5 个批次。测试历史数据及交易数据预计达到 3000 万条。

分析场景一：由于涉及密码等高敏感性数据，数据脱敏有效性需达最高级；测试需要详细验证输出结果，真实性至少达到中等级；功能数据量小，高效性要求可为最低级；交易数据中涉及账号、卡号等有关联性要求的数据，有稳定性要求，其他数据没有这个需求；该交易属于重点回归测试对象，不同环境数据有多样性要求，达到中等级即可。

分析场景二：由于未涉及高敏感性数据，但由于数据量较多，数据脱敏有效性达到中等级即可；性能测试不验证交易执行的详细结果，真实性达到最低级即可；数据量大，对处理时间和空间有要求，高效性需达到最高级；交易数据中涉及账号等有关联性要求的数据，有稳定性要求，其他数据没有；多轮对比测试批次一般要求数据环境相同，无多样性要求。

综上所述，这两个场景数据脱敏的最低需求见表 7-1。

表 7-1　　场景一和场景二数据脱敏的最低需求

序　　号	有效性	真实性	高效性	稳定性	多样性
场景一	3	2	1	1～3	2
场景二	2	1	3	1～3	1

7.3　主流数据脱敏方法比较

按 7.2 节中的分析方法，表 7-2 对目前商业银行主流数据的脱敏方法进行归类并分析，列出了不同的方法在五个维度指标上的表现。

表 7-2　数据脱敏方法综合评价

序号	处理方法归类	方法说明	数据脱敏综合评价体系				
			有效性	真实性	高效性	稳定性	多样性
1	删除		3	1	3	3	1
2	置常数	置为固定值，或者其他数据列值	3	2	3	3	3
3	随机查表替换	随机从中间表中找出数据，替换原数据	3	2	1 ～ 3（视中间表大小而定）	1	2
4	固定参数查表替换	通过固定参数从中间表中找出数据，替换原数据	2	2	1 ～ 3（视中间表大小而定）	3	2
5	码值随机偏移	将原数据码值随机偏移后置为新值	3	2	3	1	3
6	码值固定参数偏移	将原数据码值按特定算法及参数置为特定新值	2	2 ～ 3（视特定算法而定）	2 ～ 3（视特定算法而定）	3	2
7	随机算数置换	对原数据（数字类型）按某种算数方法计算，参数为随机值	3	2	3	1	3
8	固定参数算数置换	对原数据（数字类型）按某种算数方法计算，参数为固定参数	2	3	3	1	3

（续表）

序号	处理方法归类	方法说明	数据脱敏综合评价体系				
			有效性	真实性	高效性	稳定性	多样性
9	字符串部分屏蔽	对字符串中的部分字符用特定字符屏蔽	1	2	3	3	1
10	随机生成定长字符串	随机生成固定长度字符串	3	1	3	1	2
11	随机生成不定长字符串	随机生成长度不一的字符串	3	1	3	1	3
12	时间老化	对时间数据或具备时间属性的数据（身份证号）等按固定值进行老化时间特征	2	3	1～2（视老化算法而定）	3	2
13	非唯一数据按业务规则随机生成	对手机号、固定电话、地址、邮件等非唯一数据列，按其业务规则随机生成	3	2	2～3（视生成算法而定）	3	2
14	唯一数据映射变换	对卡号、账号等唯一数据列，按其业务规则映射生成	2	3	2～3（视生成算法而定）	3	2
15	"洗牌"混淆	对全部原数据进行"洗牌"，打乱其顺序	3	3	1～2（视混淆算法而定）	1	3

7.4　应用评价

　　按上述方法完成具体场景数据脱敏的最低需求分析及数据脱敏方法分析后，可以按下列规则找出符合该场景需求的数据脱敏方法集合：数据脱敏方法在每一个指标上的评级都至少大于或等于场景在对应指标上的最低需求评级。按此方法，符合场景一需求的数据脱敏方法序号集合为 {2、3、4、5、6、7、8、12、13、14、15}，符合场景二需求的数据脱敏方法序号集合为 {1、2、5、6、7、8、10、11、12、13、14、15}。其中，针对具体数据的脱敏方法集合也可参照上述分析方法进行。

第 8 章　有关航旅数据安全的经验借鉴和对策建议

航旅大数据应用有利又有弊，航旅业上／下游产业因大数据的使用而获益匪浅，但客户个人隐私安全问题也越来越凸显，客户个人信息安全时时受到威胁。在大数据时代的新形势下，航旅数据安全、隐私安全乃至大数据平台安全等均面临新威胁与新风险，做好数据安全保障工作面临严峻挑战。

8.1　存在的主要问题与经验借鉴

在个人网络隐私保护方面，相比欧美国家，我国的立法明显滞后。欧盟一直通过严格的立法手段来保护网络隐私，早在 1995 年和 2002 年分别制定《个人数据保护指令》和《关于电子通信领域个人数据处理和隐私保护的指令（隐私和电子通信指令）》，建立了一套完备的网络隐私保护休系，为各成员国政策制定指明了方向。2018 年即将生效的《一般数据保护条例》更意味着欧盟对个人信息保护及其监管达到了前所未有的高度，堪称史上最严格的数据保护条例。美国虽提倡行业以自律为主，但也通过一系列的网络隐私保护法律法规，特别是针对儿童制定了《儿童网上隐私保护法》；2012 年又提出了《网络隐私权利法案》，设定了保护用户隐私的 7 项原则。而我国则没有明确的个人网络隐私保护的相关法律，《信息法》等相关法律对个人隐私保护也没有明确条款，《个人信息保护法》仍在酝酿之中。可喜的是，最高人民检察院和最高人民法院就打击侵犯个人信息犯罪率先出台了司法解释，对保护公民合法权益具有积极意义。2017 年 6 月 1 日，《网络安全法》也开始实施，为今后《个人信息保护法》的制定奠定了坚实的基础。但总体上来看，我国个人数据的商业化利用尚处在无法可依的状况，主要依靠行业自律，容易出现个人信息的过度使用，造成个人隐私泄漏。现阶段，我国应借鉴欧美等国的经验，加快调整隐私保护规则和相关法规，加快网络隐私保护的立法或适时出台相关管理条例，明确网络个人数据利用的原则，为互联网等相关行业的健康快速发展提供有效的法律和政策支持。

依照国际经验并结合我国法治传统和立法现状、政府管理理念及行业发展现状，建议兼收并蓄，采取"国家统一立法为主、行业自律为辅"的个人信息保护模式。

行业自律最大的优势是可以根据不同领域，由行业充分结合自身特点制定有针对性的行为规范，而且可以根据技术进步的要求及时调整。由于行业自律规范本身针对性强，而且整体上有利于行业的健康发展和长远利益，故企业有遵从的内在动力。考虑到我国《个人信息保护法》的出台尚需时日，在法律出台前充分发挥行业自律的作用，还可以弥补法律调整的空白，并为科学立法提供经验借鉴。

8.2 启示与对策建议

在大数据时代，数据已经成为国家的重要资源，很容易引起不法分子的注意。如果不法分子可以窃取到有价值的数据信息，就会从中牟取暴利。要想保障信息的安全性，就必须提高防御信息攻击的能力，必须不断建立和完善关于信息安全的法律法规，为保障信息安全提供政策保障。除此之外，国家还必须加强信息安全监管，完善监管条例。

1. 加快信息攻击建模速度

大数据时代的快速发展，为信息产业提供了全新的发展机遇。传统的信息安全保障技术已经无法满足信息安全保障需求，要想保障信息的安全性，必须提高防御信息攻击能力。如今，我国的信息防御能力较低，无法抵御高级进攻。因此，相关部门需要发挥大数据优势，整合资源，创新防御手段，加快信息攻击建模速度。

2. 完善法律法规

在大数据时代，国家必须不断建立和完善关于信息安全的法律法规，为保障信息安全提供政策保障。我国还必须加强国际合作，加强网络信息管理，提高信息的安全性。

3. 加强信息安全监管

在大数据时代，数据信息逐渐商品化，各个网络平台会把用户的信息当作商品进行交易，虽然国家已经制定了信息安全保护机制，但是缺少内部监管。要想保证数据信息的安全，国家必须加强信息安全监管，完善监管条例。

对航旅大数据来说，保护个人隐私首先要考虑两个问题：一是个人隐私数据的利用过程；二是个人隐私数据交易过程中的利益相关者。航旅数据中个人隐私数据的利用过程（也就是个人隐私数据的生命周期），可以分解为收集、处理、应用环节，数据在每个环节都可能被交易，并被再次处理。

个人隐私数据的交易过程中的利益相关者主要包括旅游消费者、信息收集者、数据处理者、个人数据应用者和旅游企业监管部门。由此可见，航旅数据中的个人隐私保护是一个复杂的问题，涉及很多方面。因此，除了法律手段和技术手段，还需要加强旅游行业和互联网行业的自律、加强监管，以及提高个人的素养等措施来保护网络隐私不受侵犯，确保旅游者免遭安全威胁和财产损失。

1）加强行业自律，提倡第三方认证

国内大数据的商业化应用仍处于起步阶段，为了鼓励互联网、电子商务和大数据行业的发展，增强企业在国际上的竞争力，我国对网络隐私保护采取"不事先立法"的做法。在这样的情形下，行业自律显得尤为重要。要发挥行业自律的作用，必须遵循以下原则：一是由行业主导的自下而上的制定模式，政府可以指导或引导，但绝非主导；二是根据行业特点结合企业自愿予以行业细分，而不是试图用一个自律性规范涵盖所有行业。行业自律规范应由行业组织中具有相当业务和法律知识的人员制定，并广泛征求行业成员意见。建议企业提高用户信息安全意识，在数据收集、加工过程中，加强自律，在网站的显著位置公布隐私保护声明，促进用户对其隐私政策和个人资料处理过程的理解；给用户一定的激励，鼓励用户分享个人数据，并能更灵活地控制个人数据的使用。此外，提倡第三方认证。通过第三方对个人隐私保护能力的认证，来规范企业对个人隐私信息收集、储存和处理过程，提高企业关于个人隐私保护的技术水平和管理能力，从而有效提高企业声誉。

2）旅游监管部门加强监管，推进诚信体系建设

2012 年年底，全国人大出台了《关于加强网络信息保护的决定》，明确了企业在收集、使用公民个人电子信息时的义务和应遵守的规则等。2013 年 2 月，《信息安全技术　公共及商用服务信息系统个人信息保护指南》正式实施，这是我国首个关于个人信息保护国家标准，它提出了企/事业单位在处理个人信息时应遵循八项原则：最少够用、目的明确、公开告知、个人同意、安全保障、质量保证、责任明确和诚信履行。为了确保旅游企业履行上述义务，旅游监管部门必须加强监督管理。

（1）设立相关监管机构，制定旅游行业具体的实施细则，细化企业对个人数据收集和利用的义务。

（2）建立有效的介入和调查机制，当发生投诉等情况时，监管部门能及时介入调查，对侵犯个人隐私的企业予以处理。

（3）引导相关部门构建行业诚信体系，通过建立旅行社/酒店等行业信用平台、成立"在线隐私保护联盟"等手段，促进行业诚信体系建设。

3）进一步提高用户的隐私保护意识

在航旅大数据时代，旅游者既是数据的使用者也是数据的生产者，旅游者在旅游过程中不断地产生各种各样的数据。这些数据为企业或他人提供参考和便利的同时，可能隐私信息也一并泄露。

（1）培养安全防范意识。在旅游活动中，很多隐私信息的泄露往往是在不经意中造成的。因此，在大数据时代，加强公民隐私保护意识的宣传教育，提高公民的安全意识尤其重要。

（2）养成良好的安全习惯。例如，密码设置不要太简单，不用生日或电话号码作为密码；不轻易安装各种浏览器插件和来历不明的软件；安装和设置防火墙；安装隐私保护软件；安装Cookie处理软件时，要去除使用痕迹；对重要隐私信息进行加密处理；及时更新操作系统补丁等。

小　结

如何收集、存储、管理和利用航旅数据已经成为相关企业所面临的核心问题。大数据带来了新的安全问题，但它自身也是解决问题的重要手段。只要直面问题，妥善加以解决，航旅大数据的未来前景光明。

数据脱敏作为大数据时代企业数据化运行治理的必要安全机制，未来发展的趋势包括精确理解用户需求、更细的粒度、更高的精确度和可用度、更佳的自动化程度、更好的抗破解能力、更强的扩展能力和更友好的呈现方式等，从而满足未来用户多领域的数据交互、共享和融合需求。

随着法制建设的推进和技术的不断进步，相信不久航旅大数据的应用和服务将更广泛、更深入、更安全。

下 篇

应用篇

第 9 章　大数据产业发展概述

第 10 章　大数据应用情况分析

第 11 章　航旅数据场景应用案例

第 12 章　航旅数据应用标准建议

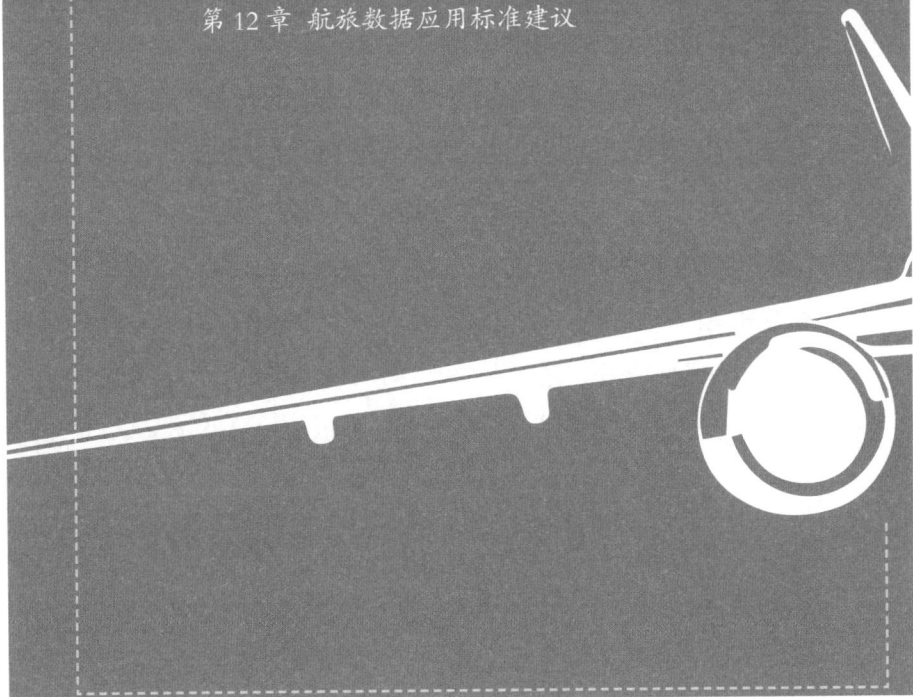

第9章　大数据产业发展概述

随着"云计算""互联网""物联网"的快速发展，大数据（Big Data）也吸引了越来越多的人关注，成为社会热点之一。

1980年，"大数据"一词最早出现在著名未来学家托夫勒所著的《第三次浪潮》中，书中提出"如果说IBM的主机拉开了信息化革命的大幕，那么'大数据'才是第三次浪潮的华彩乐章"。2008年9月《自然》杂志推出了名为"大数据"的封面专栏，从此大数据概念开始崭露头角。到2009年，"大数据"才成为信息技术行业中的热门词汇。

2011年6月，全球知名咨询公司麦肯锡发布《大数据：下一个创新、竞争和生产力的前沿》研究报告，提出"大数据时代已经到来"。从此，大数据开始成为全球"网红"，美国、中国、英国、日本等纷纷提出要投资这位"网红"，引爆大数据发展的浪潮。

大数据在业内并没有统一的定义，不同厂商、不同用户所持的角度不同，对大数据的理解也不一样。随着大数据的不断火热，其定义通常指具有体量（Volume）巨大、处理速度（Velocity）快、数据类型多样（Variety）及商业价值（Value）较高等"4V"特点的数据。

目前，从发展阶段来看，我国大数据产业处于快速推进期。中国和美国几乎同一时期关注大数据产业，但与美国存在一定的差距。究其原因，美国是全球信息技术产业的领头羊，在硬件和软件领域都拥有超一流的实力，早在大数据概念火热起来之前，美国信息技术产业在大数据领域已经有了很多技术积累，这使得美国的大型信息技术企业可以迅速转型为大数据企业，从而推动整个大数据产业在美国的发展壮大。另外，在中国，数据大多数掌握在政府手里，数据源比美国相对封闭，数据分析受到局限，影响大数据产业的发展。

虽然目前中国在大数据领域稍滞后于美国，但是从全球范围来看，大数据产业已经开始处于概念热潮的峰值滑落阶段，而我国大数据产业市场规模仍保持超高速增长。据中国信息通信研究院 2017 年 4 月发布的《中国大数据发展调查报告（2017）》称，2016 年中国大数据市场规模达 168 亿元，预计 2017—2020 年仍将保持 30% 以上的增长。调查显示，目前近六成企业已成立数据分析部门，超过 1/3 的企业已经应用大数据。大数据应用为企业带来最明显的效果是实现了智能决策和提升了运营效率。

1. 大数据应用分类

大数据应用可以分为政府服务类应用和行业商业类应用两种。

1）政府服务类数据应用

政府服务类数据应用为政府管理提供强大的决策支持。例如，在城市规划方面，通过对城市地理、气象等自然信息和经济、社会、文化、人口等人文社会信息的挖掘，可以为城市规划提供强大的决策支持，强化城市管理服务的科学性和前瞻性。在交通管理方面，通过对道路交通信息的实时监控，能够有效缓解交通拥堵，并快速响应突发状况，为城市交通的良性运转提供科学的决策依据。在舆情监控方面，通过网络关键词搜索及语义智能分析，能提高舆情分析的及时性、全面性，从而全面掌握舆情及民意，提高公共服务能力；应对网络突发的公共事件，打击违法犯罪。在安防领域，通过大数据的挖掘，可以及时发现人为或自然灾害、恐怖事件，提高应急处理能力和安全防范能力。

政府服务类大数据与民生密切相关，其应用主要包括智慧交通、智慧医疗、智慧家居、智慧安防等。这些智慧化的应用将极大地拓展民众生活空间，引领大数据时代智慧人生的到来。

2）行业商业类大数据应用

行业商业类大数据应用较多，主要将大数据与传统企业相结合，有效提升运营效率和结构效率，推动传统产业升级转型。因此，各产业都在深入挖掘大数据的价值，研究大数据的深度应用。可以说，大数据在各行业的全面深度渗透将有力地促进产业格局重构，成为中国经济新一轮快速增长的新动力和拉动内需的新引擎。

目前，在众多应用领域中，电子商务、电信领域应用的成熟度较高；政府公共服务、金融等领域市场吸引力最大，具有发展空间；而航旅领域异军突起，呈现黑马之势。

我国持续增长的网民数量和互联网普及率为数据量的扩大奠定了基础，随着"互联网+"的发展、信息技术的创新、互联网的普及，越来越多的数据将会得到记录，数据源范围会不断扩大，所属行业会不断丰富。据预测，到2020年全球所产生的数据量将达到40万亿GB（约为40EB），为大数据行业发展奠定基础，催生强大的大数据存储、处理与分析需求。

2. 我国大数据产业发展面临的四大挑战

虽然我国大数据产业快速发展，但是仍存在行业发展良莠不齐、数据开放程度较低、安全风险日益突出、技术应用创新滞后四大挑战。

1）行业发展良莠不齐

我国大数据仍处于起步发展阶段，行业标准和管理机制尚未成熟。在"万众创新，大众创业"的大环境下，大量的大数据企业不断涌现，存在很多企业借大数据概念热潮投机倒把，行业发展良莠不齐。

2）数据开放程度较低

数据开放共享是促进大数据产业发展的重要举措，我国政府部门掌握着全社会 80% 的信息资源，但这些信息资源由于利益被不同的部门控制，且不同部门的数据标准不一致，导致信息流的上游环节处于封闭状态，不能有效地释放和共享。数据源的欠缺直接影响大数据分析和处理的需求，导致大数据应用缺乏价值。

3）安全风险日益突出

随着云计算、物联网和移动互联网等新一代信息技术的飞速发展，大数据应用规模日趋扩大，数据及其应用皆呈指数级增长态势。当企业用数据挖掘和数据分析获取商业价值时，黑客也可以利用大数据分析向企业发起攻击。同时，社交网站的隐私数据也可能被不法商家利用，等等，这些都给数据安全带来了巨大的挑战。

4）技术应用创新滞后

我国大数据产业虽然与国际大数据发展步伐几乎相同，但是仍然存在技术及应用滞后的差距；在大数据相关的数据库及数据挖掘等技术领域，处于支配地位的领军企业均为国外企业。市场上，由于国内大数据企业技术上的不足，用户更加青睐国外 IT 企业，国内企业市场占有率仅为 5% 左右。

9.1　大数据产业链和产业生态日趋稳定

在大数据蓬勃发展的浪潮下，传统 IT 企业不断寻求业务转型，而新兴大数据企业紧跟行业脉搏，从应用软件和解决方案入手，开拓新业务线。中国大数据产业链和产业生态日趋成熟和稳定，焕发生机。

9.1.1 大数据产业链构成

大数据的产业链大致可分为数据标准与规范、数据安全、数据采集、数据存储与管理、数据分析与挖掘、数据运维及数据应用几个环节，覆盖了数据从产生到应用的整个生命周期。

1. 数据标准与规范

大数据标准体系是开展大数据应用的前提条件，没有统一的标准体系，数据共享、分析、挖掘、决策支持将无从谈起。大数据标准包括体系结构标准、数据格式与表示标准、组织管理标准、安全标准和评测标准。在标准化建设方面，参与单位主要包括中国电子技术标准化研究院、各个数据库公司、数据拥有部门，以及各个行业的标准化组织。

2. 数据安全

随着海量数据的不断增加，对数据存储和访问的安全性要求越来越高，从而对数据的访问控制技术、加密保护技术及多副本与容灾机制等提出了更高的要求。

另外，由于大数据处理主要采用分布式计算方法，这必然面临着数据传输、信息交互等环节。如何在这些环节中保护数据不泄露、信息不丢失，保护所有站点的安全是大数据发展面对的重大挑战。

在大数据时代，传统的隐私数据内涵与外延有了巨大突破和延伸，数据的多元化与彼此的关联性进一步发展，使得对单一数据的隐私保护方法变得极其脆弱，需要针对多元数据融合的安全提出新的隐私保护方法。

在数据安全环节上，主要参与单位包括中国电子科技集团公司第30研究所、奇虎360、瑞星等杀毒软件公司。

3. 数据采集

政府部门、以百度、阿里巴巴、腾讯为代表的互联网企业、运营商是当前大数据的主要拥有者。除此之外，利用网络爬虫或网站公开 API（应用程序编程接口）等途径对网络数据进行采集也是大数据的主要来源。

现实世界中的数据大多不完整或不一致，无法直接进行数据挖掘或挖掘结果不理想，需要对采集的数据进行填补、平滑、合并、规格化、检查一致性等数据预处理操作，往往需要大量的人工参与。因此，数据采集和清洗成为大数据产业链的一个重要环节。

4. 数据存储与管理

大数据存储与管理的主要参与者以传统数据库企业为主，国际上主要有 IBM、Oracle、Intel、Green-plum、infor Matri Cloudera 等，国内主要有中兴、华为、用友、浪潮、托尔思、数据堂、九次方、亿赞普、达梦等。各家企业针对大数据应用开展各具特色的数据库架构和数据组织管理研究，形成针对具体领域的产品。

5. 数据分析与挖掘

大数据分析与挖掘的意图主要集中在两方面：

（1）从大量的结构化和半结构化数据中分析出计算机可以理解的语义信息或知识。

（2）对隐性的知识，如关联情况、意图等进行挖掘。常用的方法包括分类、聚类、关联规则挖掘、序列模式挖掘、时间序列分析预测等。

数据分析与挖掘的核心算法与软件主要掌握在大型数据库公司及高校的手里，国际上主要参与者包括 IBM、甲骨文、微软、谷歌、亚马逊、Facebook 等，国内主要参与单位包括数据库企业、高校、以 BAT 为代表的大型互联网企业等。数据分析与挖掘的能力直接决定了大数据的应用推广程度和范围，是大数产业的核心。

6. 数据运维

由于数据的重要性得到普遍认可，除政府部门不具备数据运维服务条件外，数据的采集者通常就是数据运维者。各地政府通常通过大数据平台（如云上贵州系统平台）建设来推动政府大数据的公开与共享，吸引个人和企业用户开展创新与创业，积极推动大数据的增值服务。

7. 数据应用

大数据给传统信息技术带来革命性挑战，正在推动各地重构信息技术体系和产业格局。国内的互联网企业、云计算和数据库厂商纷纷加大应用推广力度，在国际先进的开源大数据技术基础上，形成独自的大数据平台构建和应用服务解决方案，以支撑不同行业不同领域的专业化应用。

当前，大数据的应用正倒逼软件技术、数据架构、数据共享方式的转变，应积极转变思维，明确数据共享的方式是什么，数据拥有者的利益如何平衡，商业模式如何开展等。

目前来看，许多企业在大数据产业链里仅拥有一项或两项能力是完全不够的。只有将大数据产业链融合连通才能催生更大的市场和利润空间。在大数据推动的商业革命浪潮中，只有打通数据流通变现的商业模式，才能创造商业价值，从而在大数据驱动的新生代商业格局中脱颖而出。

9.1.2 大数据生态圈分析

借用生态学的概念和观点，大数据产业可由基础层、分析层、应用层、云计算基础设施、开源项目、支撑保障体系等构成，每个系统由若干群落组成。例如，基础层存在数据采集、数据预处理、数据存储与管理、大数据处理平台、数据安全等群落；分析层存在基础算法、商业算法等群落；应用层存在数据市场、共性工具、中间件、专业服务、共性平台、行业应用等群落。

1. 基础层

大数据基础层的工作主要有以下几方面：

（1）数据采集。包括Web数据采集、企业经营数据采集、科研数据采集、工业传感数据采集、日志采集等。

（2）数据预处理。对采集的数据进行清理（遗漏填补、噪声去除、一致性检查）、集成和变换（平滑、聚焦、数据泛化、规范化、属性构造）、规约（数据方聚集、维规约、数据压缩、数值规约、概念分层）等处理，从而为数据的存储、分析和挖掘做好准备。

（3）数据存储与管理。包括面向非结构化数据的NoSQL、兼容SQL使用习惯与非结构化扩展能力的NewSQL、实时数据库、数据仓库（列式存储、大规模并行处理）、分布式文件系统、管理／监控等。

（4）大数据处理平台。包含大数据基础架构研究（目前最主流的是Hadoop）、并行计算模型与框架（MapReduce编程模型、面向机器学习的流处理并行框架、图运算）等。

（5）数据安全。安全要求渗透大数据处理平台、采集、预处理、存储与管理环节中。

2. 分析层

目前，大数据分析层的工作有明确的商业算法开发，以及适用范围更为广泛的基础算法开发。基础算法主要包括机器学习、模式识别、数据挖掘、统计分析、社会网络、语义处理与分析、流处理等数据分析算法，以及呈现数据的可视化算法。常见的商业算法有社会化媒体支撑技术、位置服务应用支撑技术、个人行为分析、商业智能、Web挖掘和检索、视频搜索、内容分析等。

3. 应用层

在产业下游，大数据应用层的工作包括从事数据的分享或销售、数据市场的开发／运营与管理、大数据商业应用共性工具、中间件、大数据专业咨询、系统集成、基于大数据分析的广告／垂直应用等共性平台。在产业下游，则是各行各业的细分应用，用户包括政府、行业主管部门和遍及金融、零售、能源、电信、制造、医疗等众多利用大数据技术进行生产经营的企业。

4. 云计算基础设施

云计算为大数据的存储和处理提供了良好的平台，并具有弹性扩展能力，是有效应对大数据挑战的关键技术和平台。同时，云计算与大数据的结合，能够有效降低企业部署和应用大数据分析平台的门槛。此外，需要指出的是，物联网与移动互联网的发展贡献了大量的数据。在云计算出现之前，传统的计算机无法处理如此量大且不规则的非结构化数据。以云计算为基础的技术手段，可以有效、低成本地对上述数据进行存储、计算、挖掘和分享。

5. 开源项目

采取源码公开的方式进行大数据技术研究与交流的项目，已覆盖大数据架构、查询／数据流、数据处理、协调／工作流、实时技术、统计工具、机器学习、云计算等多个领域。来自全球的高校、科研机构、企业和个人，都可成为开源项目的积极推动者。"开源"是大数据的基因。原有的闭源、专有、整体的硬件存储解决方案不足以帮助企业应对非结构化数据增长的冲击，而开源软件能降低大数据带来的种种风险。目前，Hadoop、R 和 NoSQL 等开源技术是许多企业大数据策略的支柱。咨询公司 Forrest Research 认为 Hadoop 是下一代企业数据仓库在云的核心，R 是未来一波大数据开发工具主要的代码库。

6. 支撑保障体系

大数据的支撑保障体系主要包括标准制定、信息安全体系、隐私保护体系、诚信机制等。政府是建设大数据支撑保障体系的主角。

随着大数据产业不断发展，传统的 IT 企业寻求业务转型，而其他产业中的企业则在寻求数字化应用以促进业务的再腾飞，大数据生态圈为上述企业的发展提供了广阔的空间。

9.2　大数据产业区域集聚发展格局逐步形成

从 2016 年至 2017 年，大数据产业逐步形成以京津冀、长三角、珠三角、中西部和东北地区为集聚区的发展格局；产业生态日渐成熟。京津冀地区发展情况最好，位列全国第一。珠三角地区仅次于京津冀地区，长三角地区发展水平也普遍较高。西部地区发展略微落后，但四川和贵州处于发展的领先地位。在东北三省中，辽宁处于领先位置，对周边地区起到了一定的带动作用。

若进一步考虑与区域大数据发展直接相关的政策、人才、投资和管理等要素，则可以发现中国的大数据产业生态正加快完善和成熟。

近期，国家相关部委和各地方政府均出台了大量针对大数据产业发展的政策和建议，重点强调行业应用。

国家部委层面，如国家发改委、工信部、原国家林业局、原农业部，以及省市各级政府都相继推出了促进大数据产业发展的意见和方案，产业发展环境持续优化。

各地方政府如贵州省、浙江省和福建省，也均在产业规划文本的基础上，大力推出相关的促进条例、实施计划和新区建设计划，拓展大数据应用案例。

继国务院颁布《促进大数据发展行动纲要》，工信部发布了《大数据产业发展规划（2016—2020 年）》，各地方政府开始将大数据纳入地方经济社会发展规划。截至 2017 年年底，多地相继成立了大数据管理和服务机构，统筹决策作用显著。

从市场结构来看，我国大数据企业竞争格局总体呈现由数据资源型企业、技术拥有型企业和应用服务型企业"三分天下"的局面。

数据资源型企业即先天拥有或以汇聚数据资源为目标的企业，将占据一定先发优势：利用手中的数据资源，或挖掘数据来提升企业竞争力，或主导数据交易平台机制的形成。这类企业以在自身行业积累了丰富数据资源、力图汇聚开放网络数据的企业及互联网企业为代表。

技术拥有型企业是以技术开发见长的，即专注开发数据采集、存储、分析及可视化工具的企业，包括软件企业、硬件企业和解决方案提供商。

应用服务型企业是指为客户提供云服务和数据服务的企业，这类企业广泛对接各个行业，专注于产品的便捷化和易维护性。同时，针对不同行业客户的需求提供差异化的服务。

从区域分布上来看，我国大数据产业集聚区主要位于经济比较发达的地区。北京、上海、广东是发展的核心地区，这些地区拥有知名互联网及技术企业、高端科技人才、国家强有力的政策支撑等良好的信息技术产业发展基础，形成了比较完整的产业业态，且产业规模仍在不断扩大。除此之外，以贵州、重庆为中心的大数据产业圈，虽然地处经济比较落后的西南地区，但是贵州、重庆等地依托政府对其大数据产业发展提供的政策引导，积极引进大数据相关企业及核心人才，力图占领大数据产业制高点，带动区域经济发展。

京津冀地区依托北京，尤其是中关村在信息产业的领先优势，培育了一大批大数据企业，这一地区是目前我国大数据企业集聚最多的地方。不仅如此，部分数据企业扩散了到天津和河北等地，形成了京津冀大数据走廊格局。

珠三角地区依托广州、深圳等地区的电子信息产业优势，发挥广州和深圳两个国家超级计算中心的集聚作用。在腾讯、华为、中兴等一批骨干企业的带动下，珠三角地区逐渐形成了大数据集聚发展的趋势。

长三角地区依托上海、杭州、南京，将大数据与当地智慧城市、云计算发展紧密结合，吸引了大批大数据企业，促进了产业发展。上海发布《上海推进大数据研究与发展三年行动计划》，推动大数据在城市管理和民生服务领域的应用。

大西南地区以贵州、重庆为代表，通过积极吸引国内外龙头骨干企业，实现大数据产业在当地的快速发展。从 2013 年起，贵州率先把握大数据发展机遇，充分发挥其发展大数据产业所独具的生态优势、能源优势、区位优势及战略优势四大优势，抢占先机，启动首个国家大数据综合实验区、国家大数据产业集聚区和国家大数据产业技术创新实验区；率先建成全国第一个省级政府数据集聚共享开放的统一云平台；率先开展大数据地方立法，颁布实施《贵州省大数据应用促进条例》；率先设立全球第一个大数据交易所；率先举办贵阳国际大数据产业博览会和云上贵州大数据商业模式大赛等。

从企业业务的空间分布来看，华北、华东和华南是最主要的区域，三地合计占据了全国大数据业务的 7 成以上。未来，无论是针对大数据产业的投 / 融资还是产业业务拓展，这三个地区无疑都是企业关注的重点。此外，华中地区（如湖北、湖南、江西和安徽等地）和西南地区（如四川和重庆）随着大数据业务和理念的渗透和发展，也可能成为企业未来开辟业务的集中关注区域。

第 10 章　大数据应用情况分析

近几年，科技界和企业界甚至世界各国政府都把大数据作为发展的重点。在国家层面，大数据时代对数据的积累、处理和价值利用能力将成为一个国家国力的新标志；在行业层面，各行各业都在积极布局大数据的产业研发及产业应用，对大数据的分析和利用也已经给各行各业带来了巨大的变革性机会。

10.1　大数据应用的总体情况

随着智能移动终端数量、物联网设备数量的快速增长、传统工业领域大数据项目的落地，以及各企 / 事业单位信息系统数据的沉淀，可供采集的数据量日益放大，为大数据分析奠定了基础。此外，单个硬件的计算和存储效率持续升高，为大规模计算的实施创造了机会。

从大数据产业的演化时间来看，2005—2010 年，第一波以金融、保险、银行、电信、电网、医疗为主的大客户群体陆续上线各类信息系统和业务系统，类似 ERP（企业资源计划）、CRM（客户关系管理）、OA（办公自动化）、HIS（医院信息系统）等。按照 3 ~ 5 年的数据沉淀周期，大概到 2013 年形成了一定的数据规模。2012 年左右，云计算和大数据等概念开始越来越多地被提及，以 Hadoop 为代表的数据分析架构和以 SAP BO、Oracle BIEE 和

IBM Congos 为代表的各类分析工具开始了企业级应用。2013 年至今，贯穿数据采集、交互式查询、批处理、流处理、机器学习和可视化的大数据分析全流程得到广泛关注。与此同时，移动互联网快速发展，移动终端设备、物联网设备和工业设备量快速增长，为大数据应用奠定了坚实的基础。在此背景下，各主要行业领域的大数据解决方案及相关软 / 硬件供应商加速涌现，大数据市场快速进入应用阶段，结合具体业务场景的数据分析成为重中之重。

大数据的特点不仅在于聚集海量数据，更在于由数据分析创造的新价值和新机遇。而大数据的跨界应用进一步拓展了数据产品的应用外延。

除行业层面的数据应用以外，数据服务方面也有新的进展，大数据交易服务的兴起就是典范。大数据交易是以大数据资源为标的的市场，参与主体涵盖数据供给方、数据需求方、数据交易平台、评估机构、服务机构，以及外围的其他部门。

近两年，国内的大数据交易产业发展迅速，相关的政府和企业陆续开展大数据交易业务。具体来看，大数据交易主要可以分为如下两类：

（1）企业主导的大数据交易平台（约占现有平台的83%），这些交易平台多为企业独资或合资运营。

（2）政府主导的大数据交易平台（约占14%），如贵阳大数据交易所和上海数据交易中心等，这些中心多为政府/国企独资或国企与民企合资运营。

大数据平台的"标准化产品"包括数据包、API 和数据报告等，而相应的"服务"包括数据采集、清洗、数据旗舰店式交易（以 O2O 式交易）。

10.2　重点领域应用进展与发展趋势

当前，大数据的应用场景日益丰富，金融、电信、政务、制造、智慧城市和物流等领域已成为大数据应用重点关注的对象。

其他数据服务业务，如大数据交易、大数据资产管理、数据采集与处理、数据分析和可视化、大数据咨询等，也在全国各地开始逐步兴起。

整体而言，大数据的融合应用已开始在各行业普及，且其应用效益已初步呈现。

在金融行业和电信行业由于信息化时间早，数据沉淀较为充足，在大数据应用方面领先其他各行业的发展。

在金融大数据方面，征信、风控和反欺诈是与金融业务对接紧密的三大应用领域。通过整合多渠道的数据，提取变量，构建大数据模型和用户画像，有助于定量评估客户信用、完善智能化和动态化的风控体系，推动智能身份识别和反欺诈。金融大数据还可以与统计学、机器学习、自然语言处理算法等相结合，推出以获取超短期收益为目的的量化投资业务，以便构建投资组合、收获长期收益为目的的智能投资顾问业务。此外，这些大数据还可以被用于促进精准营销，打造智能客服机器人。

在电信大数据方面，国内运营商通过内、外部应用同步拓展，实现了大数据在市场营销、网络优化和运营管理上的应用，并以金融等垂直领域为试点，拓展数据变现渠道。

随着"中国智能制造2025"战略的落地和推广，以及中国对政务效率提升的要求，工业大数据和政务大数据成为未来大数据产业发展的热点。

从工业大数据的发展来看，德国工业4.0、美国CPS（Lyber-Phsyscial System：实体物理系统）战略和"中国智能制造2025"都不约而同地指向了工业领域的数字化和智能化。

在此背景下，以实现自省性和自比较性为目标的智能装备制造、以实现无忧生产为目标的智能工厂、以全产业链协同优化为目标的智能服务，成为支撑新一轮工业转型升级的关键点。

从政府大数据角度来看，数据的采集和管理是难点，政府的各类数据存在丢失、难以共享、质量差、格式不统一、存储混乱、分析复杂度高等弊病。

通过应用新一代大数据分析云平台等技术，可以有效解决这方面的困难，构建完备的历史备份，提升政府的政务服务效率。当前典型的解决方案包括以下几项：

(1) 整合资源搭建云平台。

(2) 构建组织内部的数据交换平台。

(3) 构建数据综合管理平台。

10.3　航旅行业大数据应用情况

在大数据时代背景下，如何利用互联网思维实现快速发展成为民航业的共同话题。未来 30 年，数据应用越来越突出，这必将影响到民航信息化的建设和发展，而航空公司未来对信息技术的要求肯定也会越来越高。民航与大数据的融合是一个大趋势，要做到融合，离不开三个平台的支撑：第一个是云支撑平台，第二个是分析支撑平台，第三个就是应用支撑平台。随着移动互联网的推广，可以将一些便捷性的应用推向智能终端，然后用大数据技术来分析旅客的行为，了解旅客的关注点，以改善旅客的航空体验。如何运用大数据、互联网、云计算新一代信息技术，提升航空业的管理和运营环境、改善客户服务质量、提供个性化的航旅服务，这些都是航旅行业普遍关心的话题，也是航旅大数据的未来应用之处。

10.3.1　我国民航业的信息化建设情况

我国民航业信息化建设这些年已经取得了一定的成就，主要表现在基础设施的普及、电子商务的利用，以及信息安全的发展等方面。但我国民航业在信息化上还存在很多薄弱问题，包括网络建设和信息技术支持旅客体验、

IT 设备的国产化率、自主创新能力、信息壁垒、信息安全等。

中国民航大学和中国民航信息技术科研基地在做"十三五"规划的前期调研时，曾经参照国内外的信息化指标体系和民航业发展的要求等，设置了 6 个纬度的一级指标——规模、成熟度、贡献度、安全、基础设施和环境指数。根据这个指标，目前，我国民航业的信息化发展指数相对于全国其他行业指数略高一些，但是相对于其他国家，机场的 IT 从业者只占 40%，队伍相对薄弱了一些，而且国外设备还占多数；民航的电子政务开放度还不够高，信息流程相关联的检测及对外的数据交互方面相对比较薄弱。近三年，全国超过 50% 的机场在民航业信息化建设的投入超过 1000 万元。此外，用于网络和信息安全方面则呈现出两种情况：一种是超过 1000 万元的占 1/3，另一种是 500 万元以下的占一半以上，这说明民航业发展不平衡。

专家认为，我国民航业在未来的信息化建设上有 11 项重要任务：

（1）促进民航核心业务领域信息化的深度应用，把信息化和整个民航的业务进行有效的融合，建立符合中国民航特色、特征的服务支撑体系。

（2）加快推进惠及公众的信息化建设，如目前航空物流的信息化水平低就在一定程度上阻碍了中国的航空货运。

（3）积极提高中小机场/航空公司信息化应用水平。

（4）全面深化民航电子政务应用。

（5）积极推进通用航空信息化建设。

（6）推进民航数据共享，加强民航信息资源利用。

（7）对现有民航的网络进行升级扩容，构建新一代的民航综合信息基础设施。

（8）着力提高民航从业人员信息素养。

（9）推动信息新技术在民航领域的应用。

（10）加强民航信息标准体系建设。

（11）加强民航网络与信息安全保障体系建设。

10.3.2　民航业与大数据融合是未来大势所趋

民航业与大数据融合离不开三个平台的支撑：云支撑平台、分析支撑平台和应用支撑平台。

为何需要云支撑平台？云计算其实不是技术而是一种手段，它侧重于资源的储存和管理。只有基于海量的数据储存和快而准的管理，才能使数据商品化。无论是企业还是个人，每时每刻都在产生数据。随着数据数量和类型的不断增加，很多数据已经难以录入传统的数据库中。未来民航业需要一个云计算的资源管理，这样才能实现数据资源、网络资源的底层共享，以支撑数据分析和数据应用。

同样，大数据最关键的技术是数据的处理，分析支撑平台对民航业而言十分必要。我国作为全球仅次于美国的第二大民航运输系统，突破和创新很重要，而大数据本身就是创新的动力。民航业要想利用大数据进行创新，就必须对数据进行分析处理，在无序的数据中总结出有规律的东西，这也是大数据核心价值的体现。

利用大数据，最终的目的是推陈出新，产生新的利润增长点。如何推陈出新，就是要利用数据规律开发出新的产品应用，这就需要一个应用支撑平台。这个应用不单单是某一个产品，还有可能是某一个服务或者某一种提升自身效率的方法。例如，把数据放在一起比较，就可以看出哪些客户群体是你未来需要挖掘的潜在客户群，这样就可以有针对性地为这些潜在客户群提供服务；如果将机场或航空公司对货物的预配、航班架次等数据进行关联，肯定就可以更精确地对货物、航班进行调度。

一个物体要往前移动，第一要有动力，第二要克服摩擦力，大数据在民航业的应用也是一样的。今天的大数据不缺动力，因为数据的价值已经人尽皆知。因此，大数据应用于民航业时，需要研究的是怎样降低大数据应用的"摩擦力"，这个"摩擦力"就是应用门槛，需要让客户把大数据用起来并产生价值。

10.3.3 "旅客画像"数据库将引领民航进入数据时代

如果把前十年称为民航的电子商务时代或信息技术时代，那么未来十年民航将进入数据时代。乘客在乘坐飞机的各个环节都会产生大量数据，如预订机票阶段、旅行前行程管理阶段、旅行后的信息分享与整合阶段，这些个性化的数据都值得挖掘。此外，民航数据还具有多样性，因为现在乘客的购买方式从传统单一渠道向交叉方式转变，乘客身份属性、社交属性等都可能影响购买方式。

由于旅行数据的多样性，在现有数据的应用上，应该从传统数据分析向基于旅客的精细化数据管理方向转变，从"分散单一数据库"向数据整合与共享方向转变。

现阶段关于旅客的民航数据应用存在四大难点——旅客数据多集中在票务交易环节，不同类型的旅行数据非常分散，缺少数据整合模型，数据应用场景单一。这些难点都使得数据的价值没有得到充分发挥。

要破解这些难题，第一步，要做好旅客的数据积累和整理，包括价格、航空公司、航班时间在内的旅客偏好数据；传统代理、在线电商等在内的购买渠道数据，包括行程、航班动态、退/改签标准等在内的旅行相关数据；餐饮习惯、座位偏好等的附加服务数据等。第二步，基于上述数据，建立关于旅客行为的画像数据库。

根据旅客行为画像数据库可以得出相关结论：哪些旅客黏性更大，旅客选择航空公司的最大影响因素是什么，飞机上哪些娱乐设施最受欢迎，商务旅客更喜欢购买哪些附加服务等。这些结论可以提供给需求方，例如，为航空公司提供关于旅客购买行为的预测，为航空公司和机场提供更优质的旅客服务指导，为机票代理企业提供更多的旅行附加服务产品推荐指导，为飞航产业客户在旅行中的交叉营销提供数据参考等。

其中非常重要的一点是，利用大数据技术分析旅客行为，从而改善客户航空体验。

随着移动互联网的普及及相关服务的推广，使得航空公司面临更大的竞争，如 800 千米以下的航线已经受到高铁冲击。航空公司在硬件条件近似或相同的条件下，只有通过提高用户的航空体验来提升上座率。

如何提高用户体验？利用大数据进行精准营销成为航空公司的利器。利用移动互联网，可以将一些便捷性的应用推向智能终端，然后用大数据技术来分析旅客的行为，了解他们的关注点，以改善用户的航空体验。航空公司对大数据的具体应用大致分为三个层次：

第一个层次是地面服务保障，在地面服务平台建设了一个全流程的服务数据中心，将以前孤立的高端旅客资料、大客户旅客资料、客舱旅客资料、离港旅客资料等进行整合统一管理，一方面起到数据收集作用，另一方面可以根据实际情况为客户提供服务。同时，将每个节点上的旅客状态进行衔接，这样就可以根据旅客状态及时推出一些相应的解决措施。

第二个层次是全流程旅客服务，即将所有的航空流程打通，使得原来的专项服务变成能满足旅客多种需求的全程服务。

第三个层次是特色化个性服务。一旦把所有的服务流程打通，就可以延伸出很多个性化的服务产品。例如，当遇到儿童独自乘机旅行的时候，可以分析家长最关心的是什么，然后根据他们的需求，通过微信把小朋友在飞行过程中的情况拍下来发给家长，家长便可以知道小朋友在飞机上的状态。

在大数据背景下，利用行业大数据服务于民众是大数据应用的重要组成部分。通过对影响旅客出行行为的因素分析，利用航空大数据来对不同航空公的航线吸引力进行计算，可以通过实际分值的高低来帮助顾客进行航班选择，同时也为航空公司日后的航线经营决策提供数据支持和决策依据。

10.3.4 航旅数据在金融领域的广泛应用

有业内人士表示，航旅数据在金融领域正在越来越广泛应用，其未来应用前景不可小觑。比如航空企业通过第三方，与银行合作发行联名卡并且共享用户的刷卡消费数据，可以对用户的价值定位及生活形态做更加细致的区分，并且能够更加准确地为其做产品的定制化服务。比如补充个人征信数据，使用户画像的描述更加精准化，提供多一层的参考维度，降低金融领域的成本。

以银行业为例，大数据能够在智慧银行方面起到更大的作用。过去十多年银行经历了一个重要的拐点：互联网银行慢慢取代柜员，信息技术（IT）从支持柜员到支持所有的互联网客户。无论是服务的形态还是 IT 的支撑，都发生了根本性的变化。据业内人士判断，下一个拐点是银行从原来的账务性、交易性的处理转向渗透经济生活的方方面面。如果抓不住这个拐点，传统银行就有被互联网金融颠覆或管道化的危险。对传统银行来说，大数据可以帮助解决以下三大问题：如何提升客户身份识别能力，如何提高针对客户的营销业绩，如何提升风险防范能力。在这三个方面，航旅数据都可以发挥其独特作用。

第 11 章　航旅数据场景应用案例

本章通过 10 个航旅数据与金融、征信、保险等领域相结合的实际案例，展示航旅大数据典型应用场景。航旅数据越来越广泛应用在上述领域。例如，航空企业通过第三方，和银行发行联名卡并且共享用户的刷卡消费数据，可以对用户的价值定位及生活形态做更加细致的区分，并且能够更加准确地为其做产品的定制化服务。又如，补充个人征信数据，为用户画像的描述和精准化，提供多一层的参考维度，降低金融领域的成本。再如，对海量航旅数据进行分析加工，建立航班延误预测大数据模型，替代"保险精算师"，为不同场景下的保险产品设计提供支撑。

11.1　使用"航旅分"评价体系的案例

11.1.1　应用场景

"航旅分"是上海敬众科技股份有限公司（以下简称"敬众科技"）创立 12 年以来，通过 256 亿次跨领域应用实践积累的数据能力和行业经验，针对商旅群体而自主研发的一套评价体系。它将航空领域的数据，通过数学模型转化为一套可以量化的体系指标，简化了航旅数据跨行业应用难度，提升了航旅数据的商业价值。具体而言，"航旅分"从品牌认知度、消费能力、价格敏感度和成长值（潜力）四个维度出发，对商旅客户群进行量化评价，敬众科技帮助商业机构利用"航旅分"，在相应的服务场景下，为其客户提供更好的产品和服务。

11.1.2　主要内容

1. 应用一：客群划分

航旅数据具备天然识别高净值人群特征，通过航旅数据可以优化金融机构的风控维度，更高效地识别、留住优质客群，为金融机构带来更高的产品收益。如图 11-1 所示，某银行通过"航旅分"分析对客户进行 A、B、C 三类区分。

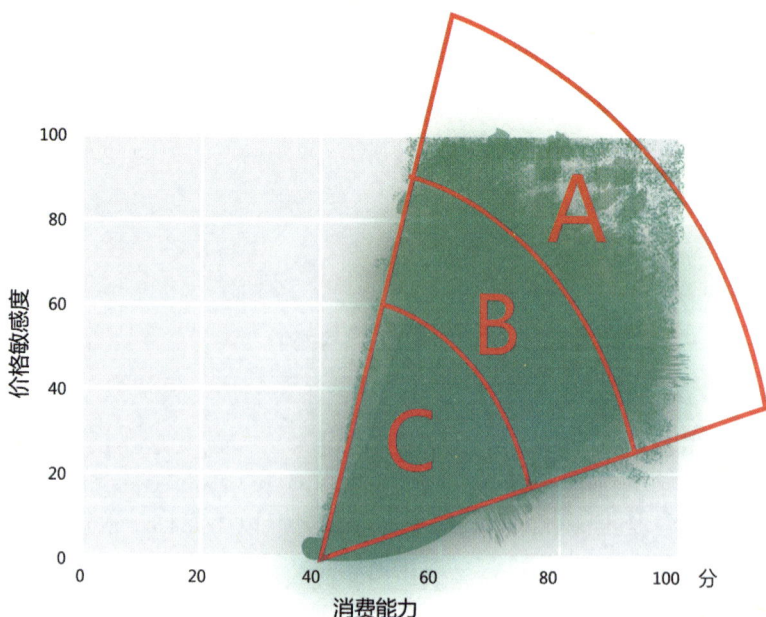

图 11-1　价格敏感度、消费能力分析

A 类客户：属于中高端客户，现金周转需求高，理财意识强，可以尝试推广分期信用卡产品。

B 类客户：具有一定经济实力，在提供授信的基础上，可以进一步开展其他金融产品营销，如理财产品推广。

C 类客户：年龄 30 岁以下，首次预授信可以适当提高授信额度。

"航旅分"帮助该银行依据年龄、消费能力等维度对客群进行划分，更高效地识别中高端客户群体，全面提高发卡、授信的效率，并且在使用期间获得大量的高价值客群。

2. 应用二：黑名单防误杀匹配

众所周知，黑名单是金融机构普遍使用的风控手段，但由于其来源的不确定性，数据错误率往往超过 50%。某互联网金融机构利用"航旅分"对历史黑名单客户进行匹配，平均有 16% 的匹配率，初步判定这部分客户可能被"误杀"。针对匹配到的分值较高的 30% 客户进行尝试放贷，贷款周期完成后，根据数据统计，该部分客户坏账率低于 1%。图 11-2 给出了利用"航旅分"进行黑名单分析的示意。

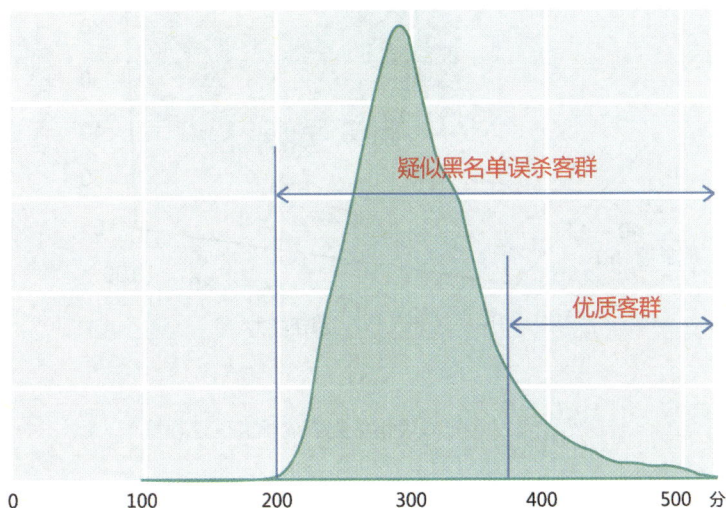

图 11-2　"航旅分"用于黑名单分析

3.应用三：大数据精准营销

品牌认知度的指标主要体现品牌对该客户的影响程度。

某银行针对具有这一特点的客户，在本行发卡客户中选择具有一定消费能力的客群，利用该指标进行筛选，如图11-3（a）和（b）所示，并进行针对性的营销：

（1）通过电话外呼方式，为客户提供大额有年费白金卡的推广。

（2）通过电话外呼方式，以提升与银行关系以及用卡活跃度为理由，进行消费分期推广。

发现具有该指标特性的客户，其推广转化率比未筛选的客群高23倍。品牌认知度指标经提炼后，可以更好地为银行扩大高贡献客户和提升客户黏性提供有效手段。

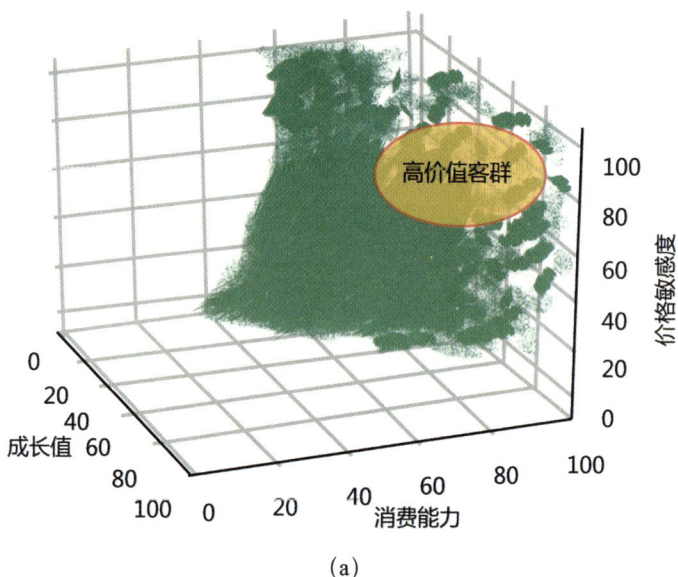

(a)

图 11-3　经过多项指标判断的标高价值客群

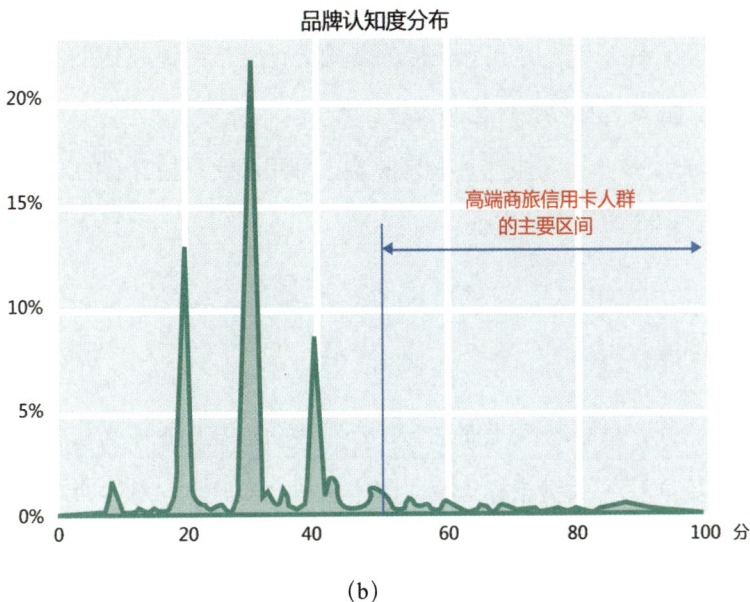

品牌认知度分布

图 11-3　经过多项指标判断的标高价值客群（续）

11.1.3　技术方案

敬众科技的"航旅分"是在结合三年以来在航旅数据金融行业的实际应用、深入领悟国际上领先的信用评分系统建立方法、立足于国内航旅数据实际情况的基础上，用现代的数据挖掘技术和科学的分析方法打造的一款可广泛应用于金融行业多种应用场景下的独立第三方航旅人群评分系统。该评分体系现分值上限为 530 分，分数越高，客户的航旅综合资质越好。消费能力、价格敏感度、成长值、品牌认知度四个细分维度与"航旅分"共同组成了敬众科技的评分产品体系。通过实际应用检验，每个指标都能在金融市场上找到适用的应用，并且二维以上指标的结合同样可以找到适合的应用场景。

（1）底层数据库采用数据仓库和数据集市的技术，对海量数据进行分布式处理，部署了独立的生产技术系统和灾备安全系统，保障产品生产过程中的安全高效。

（2）用大数据分析方法对乘机人群数据中的关键出行指标进行用户画像，建立用户标签库，并在标签库的基础上计算最终评分结果，分值结果更容易验证，后期也更容易优化与升级。

（3）产品生产库与发布库物理隔离，采用敬众科技自有的 LUCA 系统，保障客户数据获取效率与安全。

11.1.4　案例分析

"航旅分"总分体系（95 ～ 530 分）= $\sum$（航旅数据 + 数十家金融机构 + 三年信贷场景）× 关键指标建模，即体现一个商旅客户总体的商务活动能力和消费价值，如图 11-4 所示。

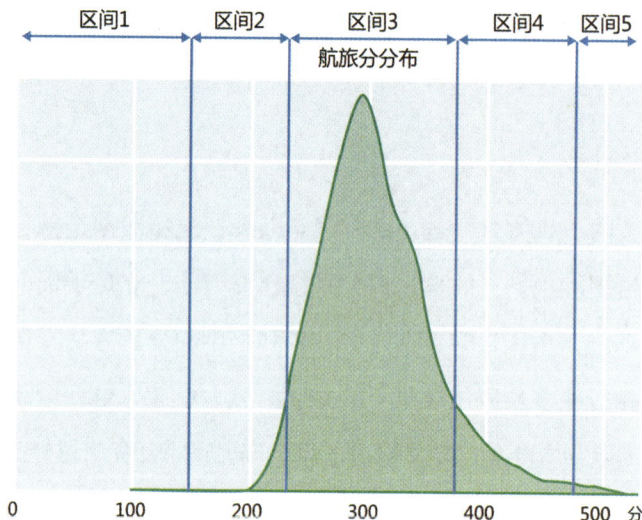

图 11-4　"航旅分"总分值分布及其价值分段区间

（1）消费能力：根据商旅人群在商务活动中的消费频率及单次消费的金额综合评判出其消费能力。

（2）品牌认知度：综合评判商旅人群对航空公司品牌价值的认可度。

（3）价格敏感度：根据商旅人群折扣舱位的不同选择，评估价格对其的重要性。

（4）成长值（潜力）：根据商旅人群的商务出行变化，综合评判其未来的成长趋势。

11.1.5　亮点总结

（1）规模效应：根据中国国际航空运输协会的最新预计，2036年全球航空客运量将达到78亿人次，中国将在2022年超过美国成为全球最大的航空市场，伴随着人们生活水平的不断提高，中国商旅客群也将从目前的两亿规模扩大到4~5亿的规模。

（2）帮助金融机构降低风控成本，提升风控效率，完善客户服务，更好地支持服务实体经济发展。金融机构可以通过将航旅大数据应用在客户授信、精准营销、唤醒沉睡客户、增信提额等环节中，有效提高风控水平，避免"误杀"中高端客户，增加授信，留下部分可授信客户。同时获得大量的中高端客群，投入产出比高达7倍以上，给金融机构带来了巨大的经济效益。

（3）为航旅大数据行业打造行业标准，梳理行业规范，支持大数据行业的健康持续发展，利用"航旅分"助力社会信用基础建设。

11.2　航班延误险精算模型案例

11.2.1　应用场景

近几年，中国经济快速发展，民航也迅速发展，航线网络不断扩大，航班量急剧增加。海量的数据由此产生，我们进入了一个大数据时代。

航班准点率作为航空质量的重要衡量指标，对于满足客户需求、提升服务质量具有重要的意义。在民航业蓬勃发展的同时，受制于有限的空域资源，我国航班密度日益增加，飞行冲突不断出现，航班延误现象频繁发生。从当前实际来看，航班延误已经成为航空服务中的"家常便饭"。

航班延误现象的多发对我国民航业的发展有着十分不利的影响，主要表现在以下几方面：

（1）航班延误会造成巨大的经济损失。航班延误不仅会使飞行时间变长，从而导致运营成本的上升，影响航空公司的盈利效率；对商务出行的旅客也将造成经济损失。

（2）航班延误不利于民航运输秩序的维护。延误情况的加深会进一步造成旅客与航空公司、机场等部门的冲突。

（3）航班延误会对民航的信誉造成伤害。

因此，如何能够更好地对航空延误进行预测并且通过预测结果对航司、保险、人群进行指导作用成为研究重点。

通过对历史数据的整理，提取不同维度的数据信息，对未来航班延误情况进行预测，争取在最大程度上指导人们的出行。

11.2.2　主要内容

为了削减由航班延误而引发的一系列问题所造成的损失，上海敬之网络科技有限公司（以下简称"敬之网络"）独立研发了一整套完备的航班延误预测系统——SEAM系统，并将根据该系统推演出的航班延误预测的精算模型产品化，直接应用于各项航空险产品。新型的航班延误保险等航空险产品作为有效应对航班延误问题的解决方案。

航班延误险精算模型主要分为三个方面：模型、图表、查询/验证。分别对现有的分钟模型、概率模型、分类模型等综合模型进行了统计和验证。

1. 输入和输出

1）输入

根据不同的类别，有不同的输入。主要包括以下一些内容或之一，具体内容将在下文描述：

（1）输入名称：包括时间、航班号、出发机场、到达机场、航空公司等。

（2）输入目的：通过不同的维度对预测结果进行查询，得到最适合的数据进行数据支撑。

2）输出

根据不同的类别，有不同的输出。主要包括以下一些内容或之一，具体内容将在下文描述。

（1）输出名称：包括预测延误分钟数、延误0.5小时的概率、延误1小时的概率、延误2小时的概率、延误3小时的概率、延误4小时的概率、延误分类预测、分钟模型准确率验证、概率模型准确率验证等。

（2）输出目的：通过输出不同的维度的预测结果，得到最适合的数据为企业公司及有需要的人士进行指导，为他们提供一个延误最低的、最合适的航空方案。

2. 精算模型应用示例

敬之网络将航延险精算模型广泛应用于各种新型的航空保险类产品的设计中，在产品的后台可以很直观的展现各类精算模型在航延险中的应用。

打开网页 op.17zhongzhong.com，登录后，选择最下方"模型后台入口"，进入主页面。

1）概率模型

通过概率模型，可以查询在历史上的指定日期、指定航班的实际延误分钟数，以及在航班起飞前的 10 天内分别对该次航班的延误情况作出的预测概率，如图 11-5 所示。

从图 11-5 可以看到 2017 年 10 月 25 日航班号为 3U××××的航班实际延误时间，而在 10 月 16 日到 10 月 25 日这 10 天分别对该次航班进行了预测，预测等级被划分为 5 个等级，延误时间分别是在半小时内、一小时内、两小时内、三小时内、四小时内。图中显示了对这 5 个等级的预测概率情况。

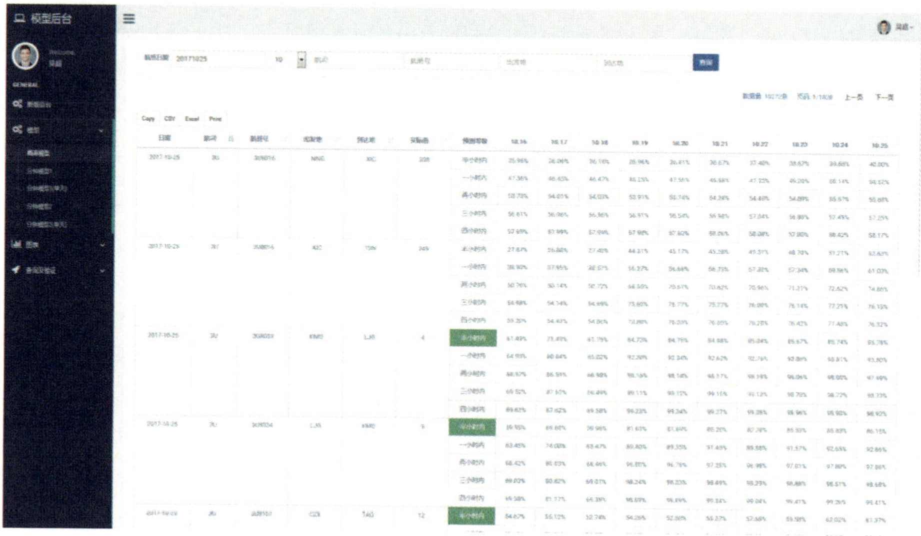

图 11-5　概率模型

2）分钟模型一

通过概率模型，我们可以针对指定航班起飞前 10 天的延误概率进行预测，而分钟模型则可以知道具体的延误分钟数。

在航班起飞前的 10 天中，每一天都对该航班的延误分钟数进行一个预测，然后和实际延误分钟数对比，可以得出一个预测偏差、预测偏差率，如图 11-6 所示。通过这两个参数可以查看当前模型的准确性，以及进一步改善模型。

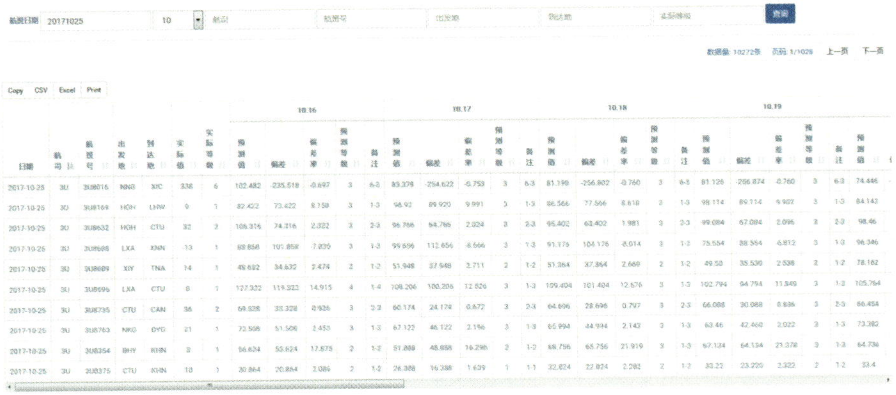

							10.16					10.17					10.18					10.19					
日期	航司	航班号	出发地	到达地	实际值	实际等级	预测值	偏差	偏差率	预测等级	备注	预测值	偏差	偏差率	预测等级	备注	预测值	偏差	偏差率	预测等级	备注	预测值	偏差	偏差率	预测等级	备注	预测值
2017-10-25	3U	3U8016	NNG	XIC	338	6	102.482	-235.518	-0.697	3	6-3	83.378	-254.622	-0.753	3	6-3	81.198	-256.802	-0.760	3	6-3	81.126	-256.874	-0.760	3	6-3	74.446
2017-10-25	3U	3U8169	HGH	LHW	9	1	82.422	73.422	8.158	3	1-3	98.92	89.920	9.991	3	1-3	86.566	77.566	8.618	3	1-3	98.114	89.114	9.902	3	1-3	84.142
2017-10-25	3U	3U8632	HGH	CTU	32	2	106.316	74.316	2.322	3	2-3	96.766	64.766	2.024	3	2-3	95.402	63.402	1.981	3	2-3	99.084	67.084	2.096	3	2-3	98.46
2017-10-25	3U	3U8688	LXA	XNN	-13	1	88.858	101.858	-7.835	3	1-3	99.656	112.656	-8.666	3	1-3	91.176	104.176	-8.014	3	1-3	75.554	88.554	-6.812	3	1-3	96.346
2017-10-25	3U	3U8609	XIY	TNA	14	1	48.632	34.632	2.474	2	1-2	51.948	37.948	2.711	2	1-2	51.364	37.364	2.669	2	1-2	49.53	35.530	2.538	2	1-2	78.162
2017-10-25	3U	3U8696	LXA	CTU	8	1	127.322	119.322	14.915	4	1-4	108.206	100.206	12.526	3	1-3	109.404	101.404	12.676	3	1-3	102.794	94.794	11.849	3	1-3	105.764
2017-10-25	3U	3U8735	CTU	CAN	36	2	69.328	33.328	0.926	3	2-3	60.174	24.174	0.672	3	2-3	64.696	28.696	0.797	3	2-3	66.088	30.088	0.836	3	2-3	66.454
2017-10-25	3U	3U8763	NKG	DYG	21	1	72.508	51.508	2.453	3	1-3	67.122	46.122	2.196	3	1-3	65.994	44.994	2.143	3	1-3	63.46	42.460	2.022	3	1-3	73.382
2017-10-25	3U	3U8354	BHY	KHN	3	1	56.624	53.624	17.875	2	1-2	51.888	48.888	16.296	2	1-2	68.756	65.756	21.919	3	1-3	67.134	64.134	21.378	3	1-3	64.736
2017-10-25	3U	3U8375	CTU	KHN	10	1	30.864	20.864	2.086	2	1-2	26.388	16.388	1.639	1	1-1	32.824	22.824	2.282	2	1-2	33.22	23.220	2.322	2	1-2	33.4

图 11-6 分钟模型一

3）分钟模型二

图 11-7 所示分钟模型二是从另一个维度对航班的延误分钟数进行预测，具体来说就是，每天对该航班在未来 10 天的延误分钟数进行预测，然后与当天的真实延误分钟数进行对比，可以得到预测偏差、预测偏差率等。

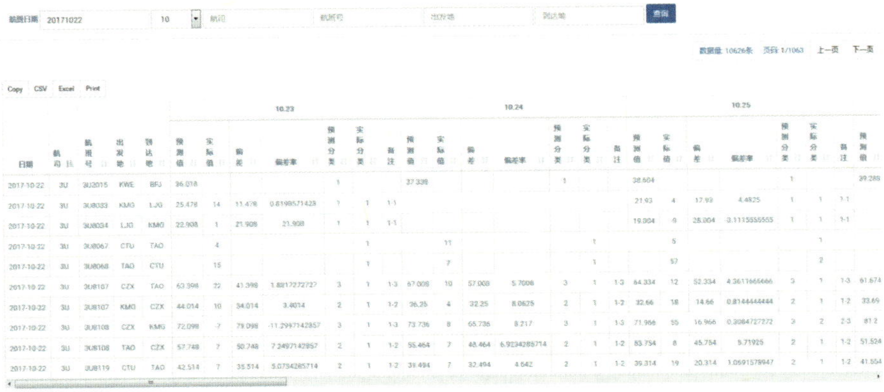

					10.23							10.24							10.25							
日期	航司	航班号	出发地	到达地	预测值	实际值	偏差	偏差率	预测分类	实际分类	备注	预测值	实际值	偏差	偏差率	预测分类	实际分类	备注	预测值	实际值	偏差	偏差率	预测分类	实际分类	备注	预测值
2017-10-22	3U	3U2015	KWE	BFJ	36.018				1			37.338				1			38.604				1			39.288
2017-10-22	3U	3U8033	KMG	LJG	25.478	14	11.478	0.8198571428	1	1	1-1								21.93	4	17.93	4.4825	1	1	1-1	
2017-10-22	3U	3U8034	LJG	KMG	22.908	1	21.908	21.908	1	1	1-1								19.004	-9	28.004	-3.1115555555	1	1	1-1	
2017-10-22	3U	3U8067	CTU	TAO		4				1			11				1			5				1		
2017-10-22	3U	3U8068	TAO	CTU		15				1			7				1			57				2		
2017-10-22	3U	3U8107	CZX	TAO	63.398	22	41.398	1.8817272727	3	1	1-3	67.008	10	57.008	5.7008	3	1	1-3	64.334	12	52.334	4.3611666666	3	1	1-3	61.674
2017-10-22	3U	3U8107	KMG	CZX	44.014	10	34.014	3.4014	2	1	1-2	36.25	4	32.25	8.0625	2	1	1-2	32.66	18	14.66	0.8144444444	2	1	1-2	33.69
2017-10-22	3U	3U8108	CZX	KMG	72.098	-7	79.098	-11.2997142857	3	1	1-3	73.736	8	65.736	8.217	3	1	1-3	71.966	55	16.966	0.3084727272	3	2	2-3	81.2
2017-10-22	3U	3U8108	TAO	CZX	57.748	7	50.748	7.2497142857	2	1	1-2	55.464	7	48.464	6.9234285714	2	1	1-2	53.754	8	45.754	5.71925	2	1	1-2	51.524
2017-10-22	3U	3U8119	CTU	TAO	42.514	7	35.514	5.0734285714	2	1	1-2	39.494	7	32.494	4.642	2	1	1-2	39.314	19	20.314	1.0691578947	2	1	1-2	41.554

图 11-7 分钟模型二

分钟模型二与分钟模型一的区别就是，分钟模型一是在航班起飞前的 10 天中，都对同一天（航班起飞当天）航班延误分钟数进行预测，而分钟模型二是在一天内对之后 10 天的航班延误分钟数进行预测。

4）偏差直方图

为了直观地了解在指定日期对航班的整体延误情况预测的准确性，用图11-8所示的偏差直方图表示。横坐标表示预测偏差，纵坐标表示航班数，把指定日期内的所有航班进行一个统计，取偏差的最大值和最小值，然后把所有的偏差值进行20等分，统计在每一个范围内的航班数量。

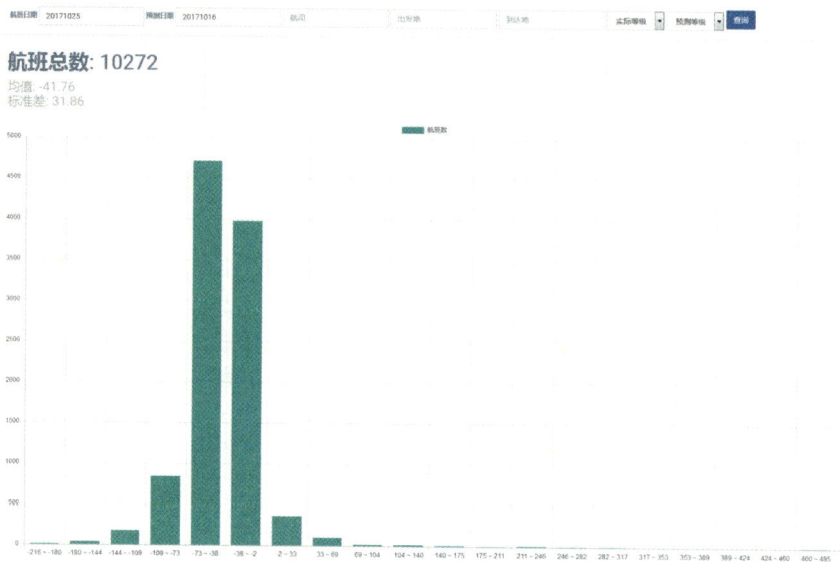

图 11-8 偏差直方图

5）等级分布图

我们对航班的延误分钟数划分如下几个等级：

延误为 0 ~ 30 分钟：等级 1

延误为 30 ~ 60 分钟：等级 2

延误为 60 ~ 120 分钟：等级 3

延误为 120 ~ 180 分钟：等级 4

延误为 180 ~ 240 分钟：等级 5

延误为 240 分钟以上：等级 6

然后，以"实际等级－预测等级"这样的形式来表示模型对航班的预测结果的好坏程度，如图 11-9 所示。

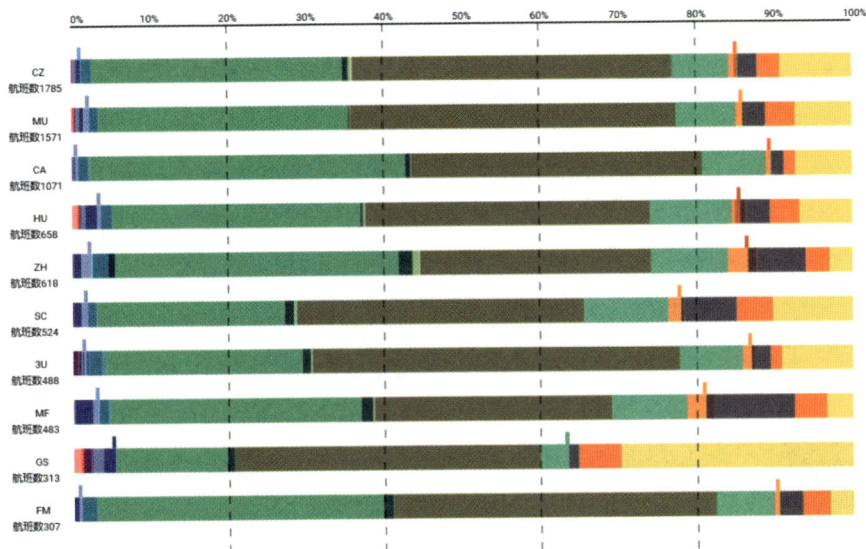

图 11-9　等级分布

6）历史查询

历史查询主要是针对历史航班数据进行查询，通过查询可以知道该航班的实际延误分钟（包括起飞延误和到达延误），以及在前一天对它进行的预测结果（包括延误 0.5 小时以内、1 小时以内、2 小时以内、3 小时以内、4 小时以内的概率和预测分钟数），如图 11-10 所示。

7）预测查询

预测查询是对指定日期的所有航班进行预测，可以修改预测的时间点，从而查出不同时间对同一航次的航班进行的预测结果。可以查询出航班的预计出发时间、预计到达时间、预测延误分钟数、预测等级，以及延误 0.5 小时以内、1 小时以内、2 小时以内、3 小时以内、4 小时以内的概率，如图 11-11 所示。

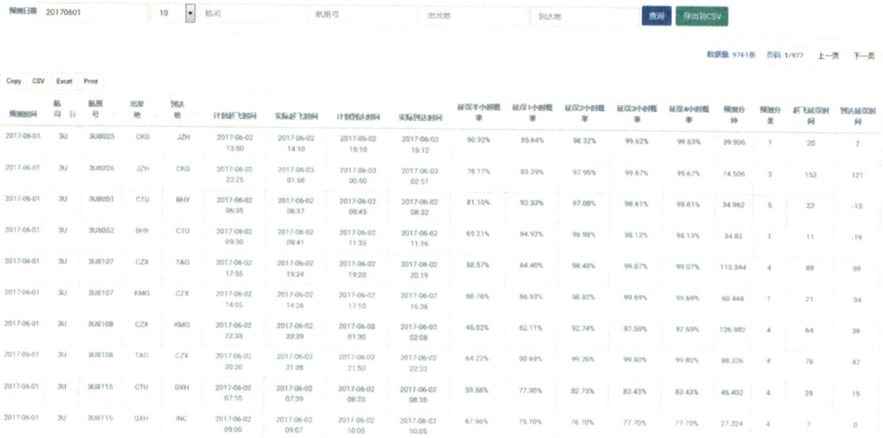

预测时间	航司	航班号	出发地	到达地	计划起飞时间	实际起飞时间	计划到达时间	实际到达时间	延误半小时概率	延误1小时概率	延误2小时概率	延误3小时概率	延误4小时概率	预测分钟	预测分类	起飞延误时间	到达延误时间
2017-06-01	3U	3U8025	CKG	JZH	2017-06-02 13:50	2017-06-02 14:10	2017-06-02 15:10	2017-06-02 15:12	90.92%	95.84%	98.32%	99.62%	99.63%	39.906	1	20	2
2017-06-01	3U	3U8026	JZH	CKG	2017-06-02 23:25	2017-06-03 01:58	2017-06-03 00:50	2017-06-03 02:51	78.17%	83.39%	97.95%	99.67%	99.67%	74.506	3	153	121
2017-06-01	3U	3U8051	CTU	BHY	2017-06-02 06:35	2017-06-02 06:57	2017-06-02 08:45	2017-06-02 08:32	81.10%	92.33%	97.08%	98.61%	98.61%	34.962	5	22	-13
2017-06-01	3U	3U8052	BHY	CTU	2017-06-02 09:30	2017-06-02 09:41	2017-06-02 11:35	2017-06-02 11:16	69.21%	84.92%	96.98%	98.13%	98.13%	34.83	1	11	-19
2017-06-01	3U	3U8107	CZX	TAO	2017-06-02 17:55	2017-06-02 19:24	2017-06-02 19:20	2017-06-02 20:19	58.57%	84.40%	98.48%	99.07%	99.07%	113.344	4	89	59
2017-06-01	3U	3U8107	KMG	CZX	2017-06-02 14:05	2017-06-02 14:26	2017-06-02 17:10	2017-06-02 16:36	66.76%	86.53%	98.82%	99.69%	99.69%	60.448	1	21	-34
2017-06-01	3U	3U8108	CZX	KMG	2017-06-02 22:35	2017-06-02 23:39	2017-06-03 01:30	2017-06-03 02:08	45.52%	62.11%	92.74%	97.59%	97.59%	126.982	4	64	38
2017-06-01	3U	3U8108	TAO	CZX	2017-06-02 20:20	2017-06-02 21:38	2017-06-02 21:50	2017-06-02 22:32	64.22%	90.69%	99.26%	99.80%	99.80%	88.326	4	78	42
2017-06-01	3U	3U8115	CTU	GXH	2017-06-02 07:10	2017-06-02 07:39	2017-06-02 08:20	2017-06-02 08:35	59.58%	77.30%	82.75%	83.43%	83.43%	46.402	4	29	15
2017-06-01	3U	3U8115	GXH	INC	2017-06-02 09:00	2017-06-02 09:07	2017-06-02 10:05	2017-06-02 10:05	67.96%	75.70%	76.70%	77.70%	77.70%	27.324	4	7	0

图 11-10　历史查询

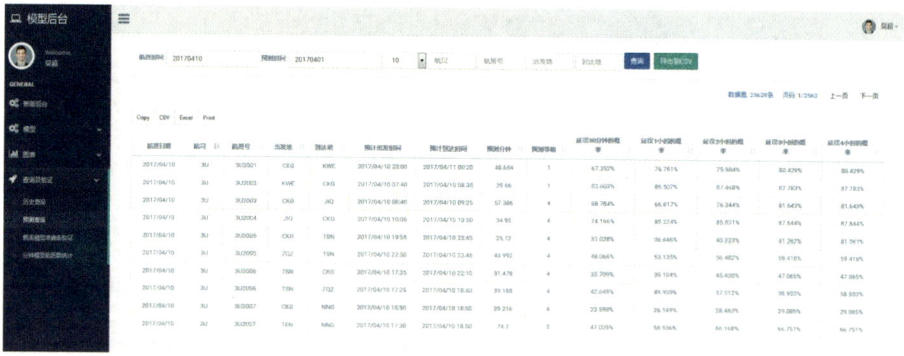

航班日期	航司	航班号	出发地	到达地	预计出发时间	预计到达时间	预测分钟	预测等级	延误30分钟的概率	延误1小时的概率	延误2小时的概率	延误3小时的概率	延误4小时的概率
2017/04/10	3U	3U2001	CKG	KWE	2017/04/10 23:00	2017/04/11 00:20	48.664	1	67.252%	76.761%	79.984%	80.429%	80.429%
2017/04/10	3U	3U2002	KWE	CKG	2017/04/10 07:40	2017/04/10 08:36	29.66	1	83.603%	85.507%	87.468%	87.783%	87.783%
2017/04/10	3U	3U2003	CKG	JIQ	2017/04/10 08:40	2017/04/10 09:25	57.386	4	68.784%	66.817%	76.244%	81.643%	81.643%
2017/04/10	3U	3U2004	JIQ	CKG	2017/04/10 10:06	2017/04/10 10:50	34.93	4	74.166%	85.224%	85.831%	87.644%	87.844%
2017/04/10	3U	3U2005	CKG	TSN	2017/04/10 19:58	2017/04/10 22:45	25.12	4	31.028%	36.646%	40.227%	41.267%	41.267%
2017/04/10	3U	3U2005	ZQZ	TSN	2017/04/10 22:50	2017/04/10 23:48	43.992	4	48.066%	53.135%	56.482%	59.418%	59.418%
2017/04/10	3U	3U2006	TSN	CKG	2017/04/10 17:25	2017/04/10 22:10	31.478	4	32.709%	39.104%	45.435%	47.065%	47.065%
2017/04/10	3U	3U2006	TSN	ZQZ	2017/04/10 17:25	2017/04/10 18:40	39.188	4	42.649%	49.959%	57.512%	58.933%	58.933%
2017/04/10	3U	3U2007	CKG	NNG	2017/04/10 15:58	2017/04/10 18:50	39.216	4	23.598%	26.149%	28.467%	29.085%	29.085%
2017/04/10	3U	3U2007	TEN	NNG	2017/04/10 17:30	2017/04/10 18:50	74.7	3	47.025%	58.536%	66.168%	66.751%	66.751%

图 11-11　预测查询

8）概率模型的准确率统计

在顶部的筛选条件中选择一个延误时间等级（0.5 小时、1 小时、2 小时、3 小时、4 小时）和一个日期范围，可以统计出该段时间内所有航班在指定的延误时间等级内的概率分布统计数据。

统计结果只显示了延误概率在 70% ~ 99% 的数据，每个概率下的统计数据包括航班总数，延误概率大于等于指定数据的航班数，以及实际延误时间小于或等于指定延误时间的航班数所占的百分比，如图 11-12 所示。

概率	航班数	航班总数	航班数百分比	出港延误准确率
99%	0	294285	0.000%	-
98%	5	294285	0.002%	87.50%
97%	49	294285	0.017%	89.80%
96%	160	294285	0.054%	85.63%
95%	481	294285	0.163%	88.15%
94%	1095	294285	0.372%	88.68%
93%	2345	294285	0.797%	89.77%
92%	3940	294285	1.339%	90.66%
91%	6251	294285	2.124%	90.27%
90%	9299	294285	3.160%	90.08%
89%	12963	294285	4.405%	90.09%
88%	17272	294285	5.869%	89.82%
87%	21826	294285	7.417%	89.19%
86%	26711	294285	9.077%	89.09%
85%	31649	294285	10.755%	88.77%
84%	36836	294285	12.517%	88.31%
83%	41889	294285	14.234%	87.86%
82%	47173	294285	16.030%	87.51%
81%	52827	294285	17.951%	87.06%
80%	58544	294285	19.894%	86.64%
79%	64466	294285	21.906%	86.27%
78%	70422	294285	23.930%	85.88%
77%	75982	294285	25.819%	85.49%
76%	81741	294285	27.776%	85.08%

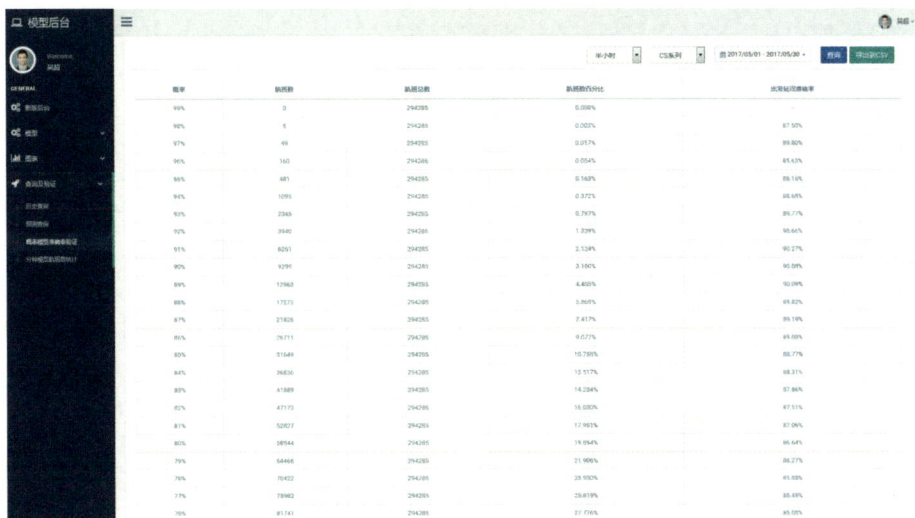

图 11-12　概率模型准确率统计

9）分钟模型的准确率统计

通过在顶部的筛选条件中选择一个预测结果划分间隔（γ）和一个时间范围，可以查看这段时间内，预测值为（γ，2γ]，实际值为（60，120] 的航班数量，如图 11-13 和图 11-14 所示。

分钟模型预测航班数量统计

	≤30	(30, 60]	(60, 90]	(90, 120]	(120, 150]	(150, 180]	(180, 210]	(210, 240]	>240	合计
≤0	75	1	0	1	1	2	0	0	0	80
(0, 15]	4603	182	68	53	38	21	21	14	29	5029
(15, 30]	20874	965	414	237	141	87	57	41	87	22903
(30, 45]	37983	3553	1218	668	388	276	159	110	232	44587
(45, 60]	39433	6550	2230	1150	692	465	284	187	338	51329
(60, 75]	30548	7805	2825	1444	859	605	377	250	421	45134
(75, 90]	22146	7722	3181	1661	949	547	381	267	453	37307
(90, 105]	15395	6359	2888	1613	960	609	380	247	360	28811
(105, 120]	9930	4823	2360	1382	803	522	350	244	331	20745
(120, 135]	6104	3385	1652	1146	696	426	279	185	288	14361
(135, 150]	3765	2119	1289	830	552	385	215	138	225	9518
(150, 165]	2258	1279	883	613	404	280	200	115	176	6208
(165, 180]	1328	793	544	403	296	199	135	74	135	3907
(180, 195]	786	447	348	244	222	151	110	74	87	2469
(195, 210]	452	257	240	175	133	101	76	52	67	1553
(210, 225]	259	151	139	102	104	90	80	37	44	1006
(225, 240]	142	91	87	85	68	64	48	26	32	643
>240	185	110	107	110	73	87	61	39	55	827
合计	196266	46592	20673	11917	7379	4917	3213	2100	3360	296417

图 11-13　分钟模型航班数统计

分钟模型预测准确率统计

	≤30	(30,60]	(60,90]	(90,120]	(120,150]	(150,180]	(180,210]	(210,240]	>240	合计
≤0	93.75%	1.25%	0.00%	1.25%	1.25%	2.50%	0.00%	0.00%	0.00%	1.63%
(0,15]	91.53%	3.62%	1.33%	1.09%	0.76%	0.47%	0.47%	0.28%	0.58%	102.28%
(15,30]	91.14%	4.21%	1.81%	1.03%	0.62%	0.38%	0.25%	0.18%	0.38%	485.79%
(30,45]	85.19%	7.97%	2.73%	1.50%	0.87%	0.62%	0.36%	0.25%	0.32%	906.79%
(45,60]	76.82%	12.76%	4.94%	2.24%	1.35%	0.91%	0.55%	0.36%	0.65%	1042.91%
(60,75]	67.68%	17.29%	6.26%	3.01%	1.90%	1.34%	0.84%	0.55%	0.03%	917.92%
(75,90]	59.36%	20.70%	8.63%	4.45%	2.54%	1.47%	1.02%	0.72%	1.21%	758.74%
(90,105]	53.43%	23.07%	10.02%	5.60%	3.32%	2.11%	1.32%	0.85%	1.25%	589.90%
(105,120]	47.67%	23.25%	11.38%	6.66%	3.87%	2.52%	1.69%	1.18%	1.60%	421.90%
(120,135]	42.50%	23.57%	12.90%	7.98%	4.85%	2.97%	2.01%	2.01%	2.01%	292.07%
(135,150]	39.50%	22.26%	13.54%	8.72%	5.80%	4.04%	2.26%	1.45%	2.38%	192.57%
(150,165]	36.37%	20.60%	14.22%	9.87%	6.51%	4.51%	3.22%	1.85%	2.84%	126.26%
(165,180]	33.99%	20.30%	13.92%	10.31%	7.58%	5.09%	3.46%	1.89%	3.46%	76.46%
(180,195]	31.83%	18.10%	14.09%	9.88%	8.99%	6.12%	4.46%	3.00%	3.52%	50.31%
(195,210]	29.10%	16.95%	15.45%	11.27%	8.56%	6.90%	4.89%	3.35%	4.31%	31.98%
(210,225]	25.73%	15.01%	13.82%	10.14%	10.34%	8.95%	7.95%	3.68%	4.37%	20.46%
(225,240]	22.08%	14.15%	13.53%	13.22%	10.58%	9.95%	7.47%	4.84%	4.98%	13.08%
>240	22.37%	13.30%	12.94%	13.30%	10.52%	10.52%	7.28%	4.72%	6.65%	16.82%
合计	2991.58%	947.57%	420.44%	247.36%	150.07%	100.00%	65.34%	42.71%	68.33%	6028.41%

图 11-14　分钟模型准确率统计

11.2.3　技术方案

SEAM 系统主要通过逻辑回归、线性回归、岭回归相结合的方式进行航班的预测分析。

1. 算法应用

1）逻辑回归

Logistic 模型（Logistic Model，也译作"评定模型"，"分类评定模型"，又称为 Logistic regression，"逻辑回归"）是离散选择法模型之一，是最早的离散选择模型，也是目前应用最广的模型，社会学、生物统计学、临床、数量心理学、计量经济学、市场营销等统计实证分析常用这一模型。

2）线性回归

线性回归（Linear Regression）是利用称为线性回归方程的最小平方函数对一个或多个自变量和因变量之间关系进行建模的一种回归分析。这种函数是一个或多个称为回归系数的模型参数的线性组合。

3）岭回归

由于直接套用线性回归可能产生过拟合，我们需要加入正则化项。如果加入的是 L2 正则化项，就是岭（Ridge）回归，有时也翻译为脊回归。

2. 数据处理

（1）数据预处理流程。

（2）数据整理。

对已有的数据进行筛选，包括以下的一些数据集。

- Company：航空公司编码
- Weather：天气因素编码
- Time：时间段编码
- History：该航班历史延误情况编码
- Y：该航班实际延误编码
- Airport Data：不同机场下的延误数据
- Company Data：不同航司下的延误数据
- Weather Data：不同天气下的延误数据
- Time Data：不同时间段下的延误数据
- Y Data：航班延误数据

11.2.4　案例分析

通过不同方式的概率预测，可以最大的可能性区分航班的延误情况，并起到指导作用。

随着科技的飞速发展，大数据及数据挖掘技术成为目前国内外非常热门的研究方向之一。同时，经济的发展和物质文化生活水平的提高，使越来越多的人在出行旅游时选择飞机作为交通工具，因而每时每刻都在产生着大量的航班动态数据。

航班延误精算模型带来三个作用：第一个作用是对航班延误产品的一个指导作用。目前，市面上所有的航班延误产品整体的赔付率较高，一个稳定的航班预测可以更恰当的指导航班延误产品。第二个作用是在结合"用户画像"数据库之后，可以做到对不同人群的精准营销，帮助我们提高广告的精准性，同时也区别了垃圾短信，避免用户的投诉。第三个作用是给用户一种航班选择上的指导，特别是商旅人士，准确的预测结果可以使他们避免航班延误带来的时间上的损失。

航班预测带来两个作用，首先是"用户画像"，包括用户的年龄段、性别、行为习惯等，根据这些信息，我们可以根据不同的预测结果提供不同的航班产品及建议。第二个作用是给我们一种预测趋势，给其他行业提供一套咨询报告，比如航空公司是否需要增加航线等。

11.2.5　亮点总结

1. 精算模型准确率

航班延误预测精算模型根据其输入的数据与输出的结果不同，可分为概率模型、分钟模型、分类模型、分段概率模型、不延误可能性模型等。每种模型均有相应的准确率验证标准和方法。

目前，分钟延误模型和概率模型较为成熟，力求在数据训练集上得到泛化能力较强的各个层次和维度的自适应数据模型，在测试集上得到较高的预测准确率。其中，概率模型的准确率更是高达95%左右，而且非常稳定。

2. 结合人工智能技术的系统自学习能力

由于航延预测精算模型是由基于航旅大数据的 SEAM 系统（航延预测模型）支撑的，在将其产品化的过程中，由于各项相关数据的不断积累，不断反馈给 SEAM 系统，使之可以通过深度学习技术自我完善与修正。SEAM 系统通过对数据特征的学习，在训练集上建立拟合预测模型，并且避免过拟合现象的发生，力求模型泛化能力较强，具有自适应性。

3. 模型间的结合

各个精算模型并非完全割裂的独立个体，模型间不但可以相互补充，在产品化的过程中还可以组合使用。同一产品中调用多个航延预测精算模型作用于不同功能或同一功能，可以得到更精准的输出结果及更有效地与具体的产品需求相匹配。

11.3　航旅数据在航空险领域的核保核赔案例

11.3.1　应用场景

欺诈自古有之，到了互联网上，欺诈的行为更为集中，并且形成了一条产业链：上游是黑客，他们通过挖掘平台的漏洞、编写木马入侵客户的终端获得数据；中游是购买数据的欺诈团伙，下游是黑色产业链的各种周边组织，它们负责洗钱、收卡、贩卖身份信息等。

这些欺诈分子大多出现在游戏、O2O 和互联网金融等平台，尤其像互联网保险这种新兴领域，由于产品的互联网化转型并不成熟，为了追求更优的用户体验，而精简很多传统保险产品的流程。此外，一些原有的人工审核环节也不适用于新型的互联网化产品。因此，势必导致产品会出现各种漏洞，这也就招致各种"薅羊毛"的"羊毛党"竞相光顾。

尤其是航延险这种短、平、快的轻型保险产品，更是网络欺诈的重灾区。目前，大流量平台的一般应对措施就是通过大量的真实用户数据来稀释欺诈数据所带来的损失。因此，一套精准有效的针对新型互联网航延险的核保核赔方案就显得尤为重要。

上海敬之网络科技有限公司通过自身所具备的航旅数据的优势，建立了一整套完备的可作用于互联网化航延险产品的核保核赔方案，业已广泛应用于产业内多项产品，并取得了显著成效。

11.3.2　主要内容

通过航旅数据对航班延误险的用户投保及理赔环节进行校验，不但可以让核验的结果更准确，而且大大提高了核验的效率，从而降低成本。

1. 核保

1）身份信息有效性验证

众所周知，用户在投保航延险的时候需要提交基本投保信息，包括姓名、身份证号等。通过已有的用户数据及相应的算法，可以验证用户提交的身份信息是否正确、真实、有效，以及用户姓名与身份证号等是否匹配，从而提高骗保用户投保的门槛。甚至在微信等具备支付功能的平台上销售的航延险产品，也可以对用户在平台上已绑定的银行卡基本用户信息进行匹配验证，以确保用户账号的真实性，并可保障在发生理赔时，顺利发放理赔金。

2）重复投保验证

航延险的重复投保问题主要有两种：第一种是同一用户多次投保同时起飞的同一航班，第二种是同一用户投保同时段的多个航班。针对这两个问题，通过用户的已有行为数据，可以很容易筛选出重复投保的案例。

3）航班信息验证

通过用户航旅数据，对用户有没有购买所投保的航班机票进行校验。若未购票，在投保时作标记，该单如果发生理赔，可进行相应的核赔验证，再决定是否发放理赔款。

2. 核赔

1）用户乘机状态验证

理赔前对于用户的乘机状态进行核验，以确定保险的受益人是否发生损失。

2）航班状态校验

针对用户投保的航班，自动订阅航班状态信息，通过航旅数据查询航班的各种状态变化，包括实际起飞时间、降落时间、取消、备降、返航等。根据航班状态数据对保险产品实现自动核赔，计算延误时长、赔付金额、触发自动理赔功能等。

3. 黑名单

根据用户的历史行为数据，建立客史档案，对有异常行为数据的用户进行标注；当异常数据达到一定频次的，就将其列入黑名单，以便在产品的核保和核赔环节对其进行约束。

11.3.3　技术方案

1. 数据来源

（1）中国民航信息网络股份有限公司。

（2）中国气象局。

（3）自有产品用户信息数据、行为数据、销售数据。

2. 数据收集处理

对数据进行预处理操作，具体步骤如下。

（1）数据清洗：处理空缺值，处理噪声数据。

（2）处理空缺值：

- 人工填写空缺值
- 使用一个全局变量填充空缺值
- 使用属性的平均值填充空缺值
- 使用最可能的值填充空缺值

（3）处理噪声数据：分箱、聚类、回归。

（4）数据集成：集成多个数据源，处理其中的冗余问题。

（5）数据变换：进行数据规范化和数据聚集。

- 平滑
- 聚集
- 数据概化
- 规范化

（6）数据归约：将相同的归为一类。

（7）数据离散化：将连续属性的范围划分为区间，以减少所必需处理的数据的量。

11.3.4 案例分析

（1）众安航延险。敬之网络为保险公司及机构提供航旅数据接口服务，用于航空险的核保核赔。此前，为众安航延险提供的数据接口服务已经稳定上线，平均日接口调用量达到十余万次，用于验证用户身份、值机信息、航班信息等核保核赔的重要环节。

（2）航旅数据接口作用于航空险领域的核保核赔服务类目（见表11-1）。

表 11-1　航旅数据接口作用于航空险领域的核保核赔服务类目

接口名称	接口说明	方式
未来航班查询接口	输入：航班号、航班日期 输出：航班号、历史平均延误率、出发地机场名称、出发地机场三字码、到达地机场三字码、出发地城市三字码、到达地城市三字码、出发地航站楼、到达地航站楼、计划起飞时间、计划到达时间 或者 输入：起飞机场、目的地机场、飞行日期 输出：航班号、历史平均延误率、出发地机场名称、出发地机场三字码、到达机场名称、到达地机场三字码、出发地城市三字码、到达地城市三字码、出发地航站楼、到达地航站楼，计划起飞时间、计划到达时间	按次查询
航班实时查询接口	输入：航班号、起飞日期 输出：航班号、历史平均延误率、出发城市名称、出发城市三字码、到达城市名称、到达城市三字码、出发地机场名称、出发地机场三字码、到达机场名称、到达地机场三字码、出发机场航站楼、到达机场航站楼、计划起飞时间、计划到达时间、实际起飞时间、实际到达时间、登机口、行李转盘、前序航班、前序航班信息、值机柜台、历史平均延误率	按次查询
航班订阅推送接口	输入：航班号、起飞日期、通知地址 输出：航班号、出发城市名称、出发城市三字码、到达城市名称、到达城市三字码、出发地机场名称、出发地机场三字码、到达机场名称、到达地机场三字码、出发机场航站楼、到达机场航站楼、计划起飞时间、计划到达时间、实际起飞时间、实际到达时间、登机口、行李转盘、前序航班、前序航班信息、值机柜台、历史平均延误率	按次查询
	输入：航班号、起飞日期 输出：航班是否取消（航班起飞前 3 小时推送一次，非实时推送）	

续表

接口名称	接口说明	方式
历史航班查询接口	输入：航班号、起飞日期 输出：航班号、平均准点率、出发城市名称、出发城市三字码、到达城市名称、到达城市三字码、出发地机场名称、出发地机场三字码、到达机场名称、到达地机场三字码、出发机场航站楼、到达机场航站楼、计划起飞时间、计划到达时间、实际起飞时间、实际到达时间、登机口、行李转盘、前序航班、前序航班信息、值机柜台	按次查询
国内航班行程验证接口	输入：用户姓名、证件类型、证件号、票号（选填）、航班号、航班日期 输出：机票使用状态、票号、解释说明（改期、退票、共享航班、换航班等）	按次查询
用户机票情况查询接口	输入：客票号 输出：用户的乘机情况、机票使用情况、是否乘机、机票使用情况、乘机人、登机证件号、机票价格、基建燃油、票号、起飞日期、航班号、出发地三字码、目的地三字码、客票状态、航班状态、航班实际起飞时间、航班实际到达时间、航司、舱位类型、出发地名称、目的地名称、延误时间	按次查询
航延险跟踪接口（年） 航延险跟踪接口（月） 航延险跟踪接口（日）	保单信息同步：保险公司→敬之，客户购买保险后，将客户信息包括客户证件号、保单号、保单起止期等同步给敬之 机票信息同步：敬之→保险公司，敬之通过客户信息，扫描并定位到客户的机票信息，并同步给保险公司，信息包括航班号、起降地、日期等 飞行信息同步：敬之→保险公司，敬之监测客户的航班，在航班起飞且客户乘机状态为已办理时，将航班和客户信息推送给保险公司做理赔判断 保单终止同步：保险公司→敬之，当敬之推送的飞行次数大于客户保单承载飞行次数时，保险公司将保单终止信息同步至敬之，后续无须再次推送飞行信息	按证件号推送

接口名称	接口说明	方式
三要素核验身份证	输入：姓名、身份证号 输出：是否一致	按次查询
三要素核验手机号码	输入：姓名、手机号 输出：是否一致	按次查询
用户出行计划查询	输入：姓名、身份证号 输出：三天内是否有出行计划	按次查询

11.3.5　亮点总结

1. 高效

通过数据核验的方式进行航空险的核保核赔，利用计算机的强大数据处理及运算能力，可大大提升保险产品的核验效率。

2. 准确

航旅数据核验具有客观性，去掉了人工核验时的情绪化等因素的干扰，让核验结果更准确。同时，程序化的校验算法，可确保结果输出的正确性。

3. 低成本

基于前两个特性，从很大程度上降低了传统保险产品的人工成本。并且有效地防范了骗保行为，从而降低赔付率成本。

总之，通过航旅数据进行航空险的核保核赔，可以更有效地防范产品中可能存在的风险，更合理地调整并掌控产品赔付率；为传统保险产品向互联网化转型的可行性提供可参考的解决方案。

11.4 航旅大数据在保险方面的案例——销售预测

11.4.1 应用场景

2016 年，中国总计 4.9 亿人次乘飞机出行，同比增长 11.9%；2017 年上半年中国民航航旅运输量为 2.63 亿人次，同比增长 13.4%。上海敬之网络科技有限公司作为航旅大数据公司，以数据和科技为载体，致力于研究和发掘航旅大数据，通过大量引入数据分析、自然语言处理、深度学习、机器学习等技术，从航班、机票、乘机人信息等维度进行用户画像，为传统保险公司发掘新的产品、降低成本、提升营销效率提供强有力的支撑。

11.4.2 项目内容

1. 项目概述

"销售预测"项目是为传统保险公司电话销售中心提供的销售方案，基于用户（乘机人）画像分析，对电话销售中心的以往销售数据构建数据分析平台，搭建深度学习模型，并引入基于航旅数据的用户画像。这样就能够用智能化的方式更精准地筛选出目标人群，提高电话销售的转化率。

2. 项目目标

（1）提升电话销售的转化率。目前电话销售的转化率为1%～1.5%，相当于一个坐席打100个电话才能获得1个意向客户，坐席的产能和生产力非常低。通过预测项目，希望提升转化率。

（2）降低电话销售成功的联系次数。对样本数据进行分析可知，一次性将保险卖出去的概率比较低，根据统计数据，80%以上的保单销售需要3～12通电话；50%以上的成功数据分布于6～10通电话，其中7～9通电话所占的成功比例为总比例的40%左右。通过对用户画像的分析，推测出用户需要的保险产品和价位，降低重复沟通的成本。

3. 销售样本说明

（1）销售数据来源。

- 成功投保赠险的用户
- 网上购买保险的用户
- 之前有过电话销售记录的用户

（2）电话销售结果说明。

- 无效：电话号码有误
- 禁拨：用户将此类电话拉黑
- 未接听 / 未联系到 / 未接触挂断：没有联系到用户
- 秒拒：电话接通，用户直接拒绝
- 开场白：电话接通，用户听完开场说明当即挂断
- 产品介绍：电话接通，用户听完产品介绍表明不需要
- 不接受电话销售：电话接通，用户表明不通过电话销售形式购买
- 明确不需要：电话接通，用户不需要该保险产品
- 职业不符 / 身体状况不符 / 拒保：电话接通，用户自身原因不符合保险的承保范围
- 已购买同类产品 / 有同业熟人：电话接通，用户已购买同类产品或有自有渠道购买
- 继续跟进 / 激发需求：跟用户约定下次通电话时间，继续沟通
- 销售成功：电话销售成功
- 赠送成功：完成保险赠送

（3）其他说明。

- 平均通话时长
- 累计通话时长
- 最后一次触达时间：最后一次接通用户电话的时间
- 保单状态：终止、有效、停效

- 名下保单件数：被保险人拥有几个保单
- 保费支付周期：月交、年交
- 缴费方式：电话销售通联 POS 收费、银行转账、实时支付
- 最近一次缴费时间
- 保障类型

  按年限保：被保人和保险公司约定保障年限

  保至某确定年龄：被保人和保险公司约定，保障至某年龄后自动终止

  保终身：被保人和保险公司约定，该保险在被保人终身内有效

- 交费期间：用户需要在保险保障期间的前几年按照约定的保费支付周期缴纳保险费用

3. 航旅大数据

1）基础数据字段（见表 11-2）

表 11-2　基础数据字段

姓名
身份证号
1 年内飞行次数
最繁忙的乘机月份
最繁忙月份乘机次数
1 年内的平均折扣
商务舱乘机次数
公务舱乘机次数
经济舱乘机次数
最频繁乘机出发城市
最频繁乘机到达城市
最频繁使用航空公司及乘机次数
国内飞行次数
国外飞行次数
免票次数
平均票价
总延误时间（分钟）

平均延误时间（分钟）
平均提前出票天数
最后飞行时间
最后起飞城市
最后抵达城市
总共飞行里程数（千米）

2）基于航班的分析（见表 11-3）

表 11-3　基于航班的分析

时间相关	飞机相关	地点相关	其他相关
计划起飞时间	机型	起飞机场	起飞机场天气
计划到达时间	机龄	降落机场	到达机场天气
实际起飞时间	座位数	经停机场	航路天气
实际到达时间	航空公司		前序航班
起飞延误时间	飞行计划		
到达延误时间			

3）基于乘机人的分析（见表 11-4）

表 11-4　基于乘机人的分析

消费能力相关	行为习惯	地点相关	时间相关	价格相关
机型	购票源	起飞地	飞行日期	票价
仓位	航司	目的地	购票日期	折扣
金银卡	频度			

11.4.3　技术方案

1. 数据筛选

对现有的数据进行预处理和分析，清除不符合要求的数据，筛选出来的数据确定可用指标。其中，销售成功的样本数据和销售失败的样本数据要分别进行预处理。

第一步：根据电话销售结果将数据分为三类，见表 11-5。

表 11-5　电话销售结果分类

分类	说明
第一类	不可能
第二类	有希望
第三类	成功

第二步：根据用户的手机号匹配出乘机人报告。

第三步：对匹配出乘机人报告的客户常驻地进行区分，分为一线城市、二线城市、三线城市及其他。

第四步：对匹配出乘机人报告的客户进行年龄区分，主要分为 20～30 岁、31～40 岁、41～50 岁、51 岁以上。

2. 确定指标

经过定性分析和定量分析，去掉报告中的部分指标，主要原则如下：

（1）性质上无明显关联。

（2）通过销售成功样本和销售失败样本的数据分析后数据区别不大。

由于各个指标之间的单位和量级不同，需要通过标准化的方法对剩余的指标进行无量纲处理，处理后可采用的指标名称见表 11-6。

表 11-6　处理后的指标名称

城市	商务出行次数
性别	商务里程
年龄	商务总价
乘机次数	旅游出行次数
平均折扣	旅游里程
经过城市数	旅游总价
总价	商务频次
总里程	旅游频次
总评分	提前订票

3. 模型计算

第一步：指标匹配与计算。

$R = \sum_{1}^{n} a_i x_i a_i$ 为各个指标的参数，其中，x_i 为各个指标。

第二步：对结果进行归一化，计算评价。

归一化方法：$R_x = \dfrac{R - R_{min}}{R_{max} - R_{min}}$

第三步：对归一化结果进行排序，获取最终的销售概率情况。

4. 模型输出

由保险公司给出需要销售的保险产品、目标客群（年龄）、客户名单（电话），系统匹配出乘机人报告并通过模型进行计算，最终将需要通过电话销售争取的客户分为 4 类：销售成功率较高、销售成功率一般、销售成功率低、无须电话销售。

11.4.4　案例分析

该系统通过电话销售重疾险进行验证，坐席根据 4 类客户进行电话销售，明显可看出的销售成功率较高和一般客户的转化率有明显提升。因此，电话销售坐席应该针对第一类、第二类的用户进行销售，有助于提升整体的生产力。目前，该项目正在持续不断地为保险公司提供电话销售方面的方案。

11.4.5　亮点总结

（1）定制服务：根据电话销售的保险产品的不同，所需指标及各指标的权重也不同。

（2）深度学习：通过不断地输入/输出数据，系统地通过组合低层特征形成更加抽象的高层表示属性类别或特征，以发现数据的分布式特征，不断提高系统预测的准确性。

（3）第三方大数据应用：除了自有的航旅数据，通过接入第三方数据分析，有助于提升销售的转化率。

（4）应用范围广：目前主要针对电话销售渠道进行分析，也可以针对网络销售渠道进行预测，推出用于线上的精准营销方案。

11.5　"赔你等"

11.5.1　应用场景

上海敬之网络科技有限公司作为新型保险科技的探索者，一直致力于研究将航旅大数据与保险结合，为保险产业赋能。在保险科技方面，敬之网络提供了一整套完备的技术体系，其中不但包括直接面对 C 端用户（广大互联网用户）的保险营销产品，还拥有航班数据接口服务、航延预测模型（SEAM 系统）。日前，敬之网络研发了微信服务公众号"赔你等"并与人保金融服务有限公司合作联合运营该产品。该产品主要以提供新型航班延误保险为核心功能像 C 端用户提供服务。

11.5.2　主要内容

1. 产品简介

"赔你等"是一款基于微信公众平台的服务号软件。本软件主要以浮动费率的航延险作为切入点，为商旅客群提供相关服务。用户可在本软件内完成购买、投保、理赔全流程，既便捷又高效。

2. 设计目标

通过本软件，航旅用户可以获取高性价比及具有优质体验的航延险产品及相关服务。通过互联网技术手段实现保险产品智能化，让用户可以以更低廉的保费价格，获取更方便快捷的航延险服务。

3. 功能详解

1）投保信息录入

（1）支持国内航班投保。

（2）投保录入信息包括姓名、身份证号、出行日期、航班号。其中，可根据录入的姓名及身份证号进行用户身份验证。

（3）出行日期录入后会提供日历功能。

（4）提供航班查询功能，支持除春秋航空及九元航空外的所有境内航班的检索。

（5）投保前将根据具体客户的航班乘坐数据，校验其出行信息的真实性。

（6）推送《投保须知》《保险条款》及《用户协议》供用户查阅。

2）直接投保

提供保费在线支付功能，可支付全额保费完成投保。

3）查询订单

（1）总投入保费。

（2）理赔收益。

（3）通过发起的订单列表，可查看相应订单详情。

4）保单查询

对已投保成功的订单页面提供下载保单功能，可以查看并下载电子保单。

5）理赔

自动理赔：航班状态跟踪、推送消息、发放理赔红包及企业转账方式发放理赔款。

参与者逾期未领理赔红包，自动以企业转账方式发放。

6）产品选定

通过 SEAM 系统，综合分析天气、空管、机场流量等数据预测航班延误概率，再根据设定的保额、赔付率等计算保费。

7）风险管控

提供完善的风控体系，可有效防治恶意刷单，使实际赔付率与预期赔付率基本保持一致。

8）后台管理系统

提供关于航延险经营情况的基本管理功能，包括但不限于订单管理、理赔管理、用户管理、统计报表、对账分析等。

9）其他

（1）页面分享。

（2）消息推送。

4. 保险产品

"赔你等"中所使用的保险产品由中国人民财产保险股份有限公司提供。

根据系统预测的航班延误率所处档次选择保费梯度，按照起飞时间计算延误。上线时简单赔付率（理赔金／总保费）设定为 72%，根据乙方测算结果，其定价方式如表 11-7 所示。

表 11-7　产品保费与延误概率对照表

保险责任	保费	延误 1 小时以上概率	保障内容及保额
航班延误	10 元	(0%, 20%)	自原计划搭乘航班的原定起飞时间 60 分钟后开始计算，直至该航班实际起飞时间为止，每分钟赔偿 1 元，300 元封顶。例如起飞延误 185 分钟，理赔金额为 125 元
	15 元	(20%, 40%]	
	25 元	(40%, 60%]	
	30 元	(60%, 80%]	
	40 元	(80%, 100%]	

其中，简单赔付率可灵活设置，乙方每日需动态调整不同梯度保费所对应的概率分布，使实际值不断向预设值靠拢。

11.5.3　技术方案

1. SEAM 系统及其在"赔你等"中的应用

SEAM 系统主要涉及四个方面：服务（Service）、体验（Experience）、精算（Actuarial）和营销（Marketing）。

以数据和科技为载体，通过大量引入数据分析、自然语言处理、深度学习、机器学习等技术，对保险在产品设计、市场营销、用户体验，以及后续服务，提供各项支撑。

通过建立航班延误险精算模型，替代"保险精算师"，为不同场景下的航班延误险产品设计提供强有力的支撑；根据不同节点的数据反馈，优化保险服务，提升用户体验。同时，通过对精准人群及精准场景的相关数据分析，为保险产品的营销提供参考依据。

通过对海量航班数据进行提纯和分析，确定了航班基本信息，如航空公司、航线、机场、航站楼、天气、机场流量、时间段等多类型的数据，通过不同的方法对其进行计算，得到适合的指标。

SEAM 系统以数据和科技为载体，根据保险在产品设计、市场营销、用户体验等方面的目标，对保险大数据进行清理、探查、分析、挖掘。采用机器学习、深度学习等数据挖掘技术对数据特征进学习，建立数据模型。根据不同节点的数据反馈，优化保险服务，提升用户体检。

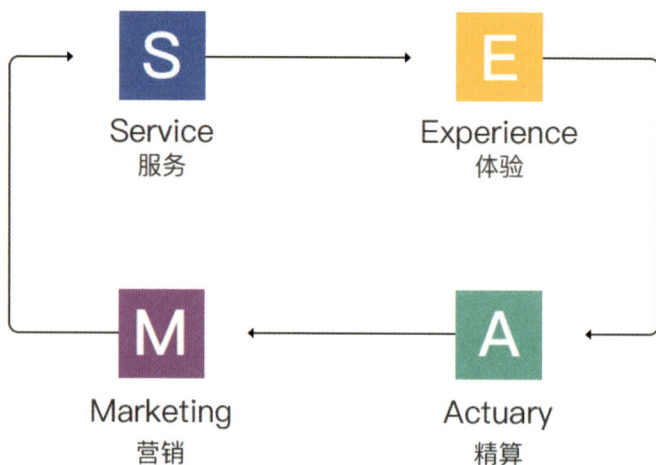

图 11-15　SEAM 系统

对航班延误大数据进行分析和挖掘，从大量数据中探寻规律，建立客观的模型，尽量避免主观影响，减少过去只依赖"保险精算师"的决策局面，为不同场景下的航班延误险产品设计提供强有力的支撑。

SEAM 系统预测模型及准确率：

1）分钟模型

可根据航班号、起降地、起飞日期预测航班未来可能的延误分钟数。其准确率根据验证方法的不同一般为 60%~85%。

2）概率模型

可根据航班号、起降地、起飞日期预测航班未来分别延误 1 小时、2 小时、3 小时、4 小时以内及 4 小时以上的概率，准确率达到 95% 以上。

3）分段概率模型

可根据航班号、起降地、起飞日期预测航班未来分别延误 0~60 分钟、61~120 分钟、121~180 分钟、181~240 分钟及 240 分钟以上的概率，准确率达到 80% 左右。

4）分类模型

可根据航班号、起降地、起飞日期，预测航班未来延误时长可能分布的区间。

5）不延误的可能性模型

可根据航班号、起降地、起飞日期预测航班未来不延误的可能性大小。

系统设计原理与运作如图 11-16 所示。

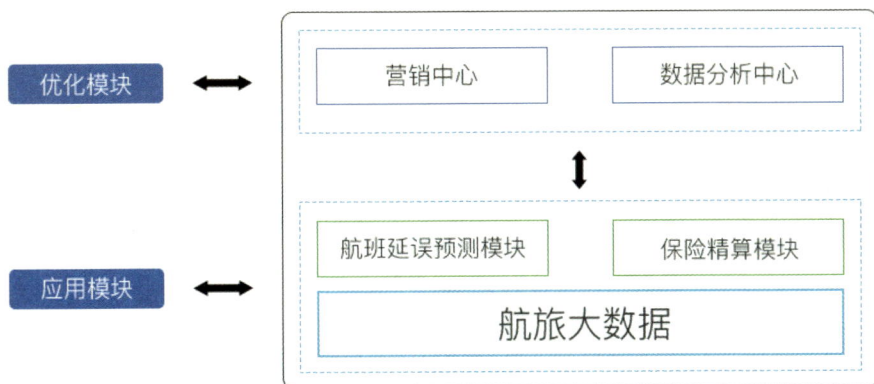

图 11-16　系统原理与运作

"赔你等"通过 SEAM 系统中的航班延误概率预测模型，对用户所投保的航班可能发生延误的概率进行预测，所得结果分为 5 挡，根据延误概率的大小分别对应 5 挡保费额度，从而实现保险产品的浮动定价。采用的模型是概率模型，通过对模型输出结果中的 1 小时以内延误概率的补数进行分挡，每挡对应一个保费。

还可根据实际产品赔付率实时调整延误概率输出档次的划分界限，从而在提升产品体验的同时，对保险产品的理赔风险进行有效控制。

2. 航旅数据接口服务在"赔你等"中的应用

航旅数据接口服务在"赔你等"产品中主要起以下三方面作用：

（1）用户投保身份核验。通过用户绑定的微信身份信息对投保人的身份进行有效性核验。

（2）用户乘机信息校验。通过航旅数据验证被保人是否购买机票、是否乘机，以及所乘航班是否与投保航班一致，以此进行风险控制。

（3）航班信息。通过航旅数据接口，获取用户所投保航班的实际实时状态、真实起飞时间、到达时间，以及是否取消、备降、返航等，以此实现自动理赔。

11.5.4　案例分析

该产品自上线以来受到业内的广泛关注与好评。同时，也为保险产业互联网化探索了一条新路。该产品在保险科技创新领域是属于探索型的前瞻产品，是依托大数据精算模型的浮动定价系统，能让客户通过航延数据接口实现的自动理赔，在与微信等移动互联网平台的融合等方面均处于行业领先水平。"赔你等"完美地实现了保险产品的互联网化改造，同时，这次大胆的尝试也为保险科技创新指明了新的发展方向。

11.5.5　亮点总结

（1）动态定价：综合分析天气、空管、机场流量等数据预测航班延误概率，再根据设定的保额、赔付率等计算保费。

（2）自动理赔：满足理赔条件时，理赔金每半小时以微信红包的形式按照预定的比例发放给客户及参与攒保的好友，金额为每半小时的赔款金额。

（3）分布式账本：用户可查看本人在平台的总投入、总赔款及明细等。

（4）后台管理系统：提供关于航延险经营情况的基本管理功能，包括但不限于订单管理、理赔管理、用户管理、统计报表、对账分析等。

（5）主动营销：系统可自动向有飞行计划的旅客通过微信公众号推送航空延误险的购买邀请。

（6）移动互联网产品平台："赔你等"依托于微信平台，在产品营销传播、创新功能探索、互联网流量等方面都具有先天优势。

以上几方面特色保证"赔你等"在同类型产品的竞争中保有较大优势，从用户体验、营销推广、售后服务等方面通过互联网属性为航延险产品注入了创新元素。

11.6　"众众保"应用案例

11.6.1　应用场景

我国保险市场作为新兴市场之一，保费规模居全球第二位，全球保费占比为 8.78%，其增速也远超全球平均水平。我国保险行业持续快速发展，保费收入规模从 2013 年的 3880 亿元增长至 2016 年的 3.1 万亿元，几乎增长了 10 倍。从增速来看，从 2011 年起，保费收入的同比增速稳步上升，2016 年的增速创 2008 年以来新高，达到 27.5%。

随着移动互联网的广泛应用，可穿戴设备、移动医疗、智能家居和车联网等的发展带来了大量的数据，也为保险业利用大数据创新提供了机会，保险科技创新将加速保险业革新。需要强调的是在大交通数据领域，保险科技应用非常明显。

11.6.2　项目内容

1. 项目概述

众众保平台是基于微信搭建的服务型平台，为用户提供航旅周边服务。用户可以通过众筹的形式完成航延险的购买和投保。用户邀请好友参与筹款后，若达到理赔条件，理赔金也会按照规则分给参与的好友，赔付金额会通过微信红包的形式自动发放。通过众筹的形式，增加了用户在购买航延险过程中的互动性和趣味性。

众众保通过航延预测模型，预测航班的延误率，制定合适的航延险浮动费率，降低赔付率，为每一个用户提供更好的航延险购买体验。

2. 项目目标

（1）通过技术创新，要实现的目标是保持客户风险状况与其自身保险成本的动态平衡，让低风险者获得经济对价补偿；帮助高风险者降低风险因素，让保险公司平衡赔付与保费，各得其所。

（2）通过对客户数据的深入挖掘，发现客户的风险本质；通过创新定价机制，可以更好地激发客户自身的保险意识。

（3）通过为客户寻找能匹配场景风险的产品，改变以往保险推销过于强势的局面。

3. 功能详解

1）填写信息，发起订单

（1）用户姓名、身份证号输入后，系统自动对身份证号进行格式和准确性的验证。

（2）验证用户输入的身份证号和姓名是否匹配。

（3）用户首次填写后自身信息，用户信息会绑定在该页面不可修改。

（4）发起攒保后，可以分享订单给微信好友或朋友圈。

2）参与攒保

参与攒保的用户可从发起人分享的页面进入，选择一定的金额支付以支持好友。若在指定时间内未完成攒保，之前的金额会通过原路退回给用户。

3）航延险投保

用户完成攒保后，系统自动进行投保，并且将投保成功后的保单信息展示给用户。

4）保险理赔

（1）核赔：系统自动核赔，验证航班延误市时长是否达到理赔标准，被保险人是否乘坐该航班（客票使用情况验证）

（2）达到理赔条件：理赔金直接通过微信红包进行发放。

（3）未达到理赔条件：参与攒保的用户有机会获得鼓励金红包。

4. 保险产品

保险产品由安心财产保险有限责任公司承保，保险产品库由 80 多个子产品构成，从起赔时间、保费和保额三个方面进行区分。

（1）起赔时间分为四种：起飞延误1小时起赔、2小时起赔、3小时起赔和4小时起赔。

（2）保额：保额为30~1 200元不等。

（3）保费：保费分为6元、10元、20元三种。

11.6.3　技术方案

1. 设计理念

（1）提升体验：产品多样性及自动理赔等大幅提升用户体验。

（2）控制赔付率：使用航延预测模型有效控制产品赔付率，为合理定价提供依据。

（3）精准推广：通过用户画像辅助系统能更准确地把握用户消费喜好，使推广目标明确。

根据航班延误预测模型对航班延误不同时长的预测结果，将预测结果进行分类，选取相应的赔付比例的产品计划。

通过用户画像对用户的消费能力与喜好进行判断，进而选择相应保费的产品。

根据预测结果，确定各航班延误产品的浮动定价方案。

输入以下指定的条件。

条件 1：预测延误分钟

条件 2：预测 0.5 小时内概率

条件 3：预测 1 小时内概率

条件 4：预测 2 小时内概率

条件 5：预测 3 小时内概率

条件 6：预测 4 小时内概率

附加条件：上述 6 个条件需要同时满足至少 X 个

输出条件：

起赔时间（小时）

最高赔付倍数

2. 方案说明

（1）对航班的归类必须严格按照步骤从小到大的顺序执行，每次执行过后必须将已归类的航班从待归类的航班集中剔除后才可以进行下一个步骤的归类。

（2）附加条件规定了6个基本条件至少满足的个数。

（3）对产品进行微调时，起陪时间可以上升但不能下降，起陪时间的上升将带来赔付率的下降。

（4）对产品进行微调时，如果希望降低赔付率，就可以适当降低赔付倍数；如果希望提高赔付率，就可以适当提高赔付倍数。

通过以上方式，打造千人千面的航延险产品：不同航班不同产品、不同用户不同产品、不同日期不同产品。

3. 风险规避

（1）前期采取保守策略。产品上线初期先对预测结果采取保守的产品推荐策略，并做多次实际数据校验。

（2）然后随时可以调整策略进行营销。上线后，可根据实际赔付率对应产品方案所选择的算法随时进行调整。

11.6.4　案例分析

该保险产品作为向互联网化转型探索过程的试验性产品，巧妙地利用了微信平台用户的社会化关系进行推广，并根据航延预测模型输出的预测结果，选配最合理的保费定价方案。无论在产品的用户体验方面，还是营销手段都有很大的突破。不但为用户提供了高性价比的航延险产品，还保证了保险公司的利益不受损失，做到赔付率可控。

11.6.5　亮点总结

（1）用户画像：根据用户上千个标签，从各个方面绘制出比用户自己更了解的特征画像，反映用户最底层的需求及心理特征，还原最本质的结果。

（2）算法：通过人工智能结合大数据技术构建数据模型。源源不断的数据反馈到系统，机器自学习能力不断完善自身算法，令预测结果越来越可靠。

（3）激活用户活性：众众保的产品营销能力使用户自发分享到社交平台，也可通过平台进行定向推送，激活老用户。

（4）个性化产品方案：基于航延预测模型制定了个性化的产品方案，做到千人千面。

（5）灵活：整套众众保产品为一套基于微信平台的移动端网页型产品

（H5页面），可灵活地嵌入各个平台。

11.7 "航班延误，免费坐专车"案例

11.7.1 应用场景

互联网保险具有电商化、场景化、定额赔等特点，能较大程度地降低保费，并倒逼传统保险企业加入。场景保险是将保险产品融入消费者的生活场景之中，如与电商交易、支付账户、在线旅游、线上出行等具体场景绑定的保险，最具代表性的是航延险、退运险和支付宝账户安全险。

互联网保险公司的优势是通过大数据、云计算的手段，以在线的方式帮助 C 端用户解决保险智能匹配的问题，从而改变传统保险在销售、理赔等环节中的缺点，重塑保险价值链。同时，互联网保险还能拓展更多的用户服务，从一个入口切入，帮助用户解决衣食住行等一系列问题。

11.7.2 项目内容

1. 项目概述

"航班延误，免费坐专车"项目是通过航延险，将商旅飞行和线下专车接驳接连接起来。用户在购买航延险后，系统自动帮助用户完成了接机专车的预约。若用户乘坐的航班延误时间达到理赔的条件，那么理赔款可以抵扣此次的专车接机费，若用户乘坐的航班无须理赔，系统也会给用户专车的折扣券，让用户享受优惠坐专车的服务。

中国人民财产保险、神州专车和敬之网络三方发起并主导了"航班延误，免费坐班车"项目，该项目是在客户通过互联网安排出行场景下，引导用户

购买航延险。若发生航班延误的情况，用户可以免费使用机场接机专车服务。其中，中国人民财产保险利用其在保险产品方面的优势，提供航延险的承保和理赔服务，神州专车为用户提供机场接机服务，敬之网络利用自身大数据和技术能力，承担整个项目的技术开发和数据核验的工作。

2. 项目目标

（1）通过航延险将飞行场景和专车场景连接起来，叠加服务后能带给用户更便捷的体验和更优惠的价格。

（2）将更多的商旅飞行人群转化为专车用户。

（3）打通线上销售服务场景和线下服务场景，方便用户。通过航延险与专车的尝试，然后拓展到衣食住行等各个方面。

（4）优化了保险的理赔流程，让用户对保险的感知度加深。

3. 功能详解

1）投保信息

（1）支持国内航班投保（不包含港澳台）。

（2）用户信息：姓名、身份证号，可核验身份证号的准确性及身份证号与姓名是否匹配。

（3）航班信息：航班日期、航班号，提供航班查询功能，支持除春秋航空、九元航空外的所有境内航班的检索。

（4）用车信息：从航班落地机场到用户的最终目的地、专车类型，提供地图查询、模糊查询等功能，实时展示系统自动预估的专车费用。

（5）投保前通过身份证号检索用户的客票号信息，校验出行信息的真实性。

（6）推送《投保须知》《保险条款》及《活动方案》供用户查阅。

2）保险产品匹配

从专车车费、航班延误概率、用户画像三个维度，系统自动从现有的保险产品库中匹配出合适的产品展示给用户；用户支付全额保费完成投保。

3）专车预约

用户完成投保后，专车的预约订单自动传输给神州专车。神州专车分配专车司机，在飞机落地前到机场接用户并送达目的地。

4）保险理赔及专车车费支付

（1）核赔：系统自动核赔，验证航班延误时长是否达到理赔标准，被保险人是否乘坐该航班（客票使用情况验证）

（2）达到理赔条件：可直接用理赔金抵扣车费，用户乘坐专车时无须支付费用。

（3）未达到理赔条件：用户乘坐专车的费用有一定的折扣，到达目的地后用支付宝代扣功能直接支付折扣后的车费。

5）订单查询及其他咨询服务

售后服务集中在"平流上层"微信服务号，用户可通过该服务号咨询活动规则并下载保单，还可接收航班状态的提醒信息。

4. 用户使用流程

流程概述如下。

步骤1：用户进入活动页面，输入姓名、身份证号、航班号、航班日期、最终目的地。

步骤2：系统根据用户到达的机场和最终目的地之间的距离，计算出专车车费。

步骤3：根据计算的车费，给用户匹配出合适保额的保险产品。

步骤4：用户授权支付宝代扣服务费，未发生理赔时，用户乘坐专车的费用直接从支付宝账户中扣除并转到神州专车支付宝账户，无须其他支付。

步骤5：用户支付保费，投保成功。

步骤6：若航班延误，发生理赔，则用理赔款抵扣车费，免费坐专车；若未发生理赔，用户到达目的地后，专车车费直接从用户支付宝账户中扣除。

11.7.3　技术方案

1. 浮动费率保险产品设计方案

1）起赔时间标签确定

利用分钟模型，首先将所有航班按照延误时间从短至长排序，将预测的延误分钟按表 11-8 确定起陪时间，从而每个航班被贴上标签（st1、st2、st3、st4），分别表示起陪时间为 30 分钟、1 小时、2 小时、3 小时。

表 11-8　起赔时间标签的确定

航班数占比	起赔时间	标签
前 5%	30 分钟	st1
5% 至 35%	1 小时	st2
35% 至 75%	2 小时	st3
75% 至 95%	3 小时	st4
最后 5%	30 分钟	st1

2）专车金额标签的确定

每个航班对应一个专车金额（暂时这么处理），各个标签（cm1 ~ cm15）随机分配给所有航班，保证每个航班对应且仅对应一项专车金额，且不同专车金额的航班所占航班总数满足表 11-9 所列情况。

表 11-9　专车金额标签的确定

专车金额 / 元	航班数占比	标签
50	0.80%	cm1
60	1.70%	cm2
70	2.50%	cm3

专车金额 / 元	航班数占比	标签
80	4.20%	cm4
90	6.80%	cm5
100	8.50%	cm6
150	12.70%	cm7
200	17%	cm8
250	17%	cm9
300	12.70%	cm10
350	8.50%	cm11
400	4.20%	cm12
450	2.50%	cm13
500	0.80%	cm14
1000	0.10%	cm15

3）赔付等级标签的确定（见表 11-10）

表 11-10　赔付等级标签的确定

标签 1	标签 2	处理
所有	cm15	按照延误程度从高到低排序，平均分成三个部分，依次对应保费 250 元、200 元、100 元
st1	所有	按照延误程度从高到低排序，按照 10%、12%、18%、24%、18%、12%、6% 的占比依次对应赔付等级 pd1 至 pd7
st2	所有	按照延误程度从高到低排序，按照 10%、12%、18%、24%、18%、12%、6% 的占比依次对应赔付等级 pd1 至 pd7
st3	所有	按照延误程度从高到低排序，按照 10%、12%、18%、24%、18%、12%、6% 的占比依次对应赔付等级 pd1 至 pd7
st4	所有	按照延误程度从高到低排序，按照 10%、12%、18%、24%、18%、12%、6% 的占比依次对应赔付等级 pd1 至 pd7

4）保费标签的确定

保费与专车金额及赔付等级标签有关，见表 11-11。

表 11-11　保费标签的确定

赔付倍数	保额	pd1 2～3倍	pd2 3～5倍	pd3 5～8倍	pd4 8～12倍	pd5 12～20倍	pd6 20～40倍	pd7 40～50倍
cm1	50	20	15	10	5	5	2	2
cm2	60	20	15	10	5	5	2	2
cm3	70	25	15	10	5	5	2	2
cm4	80	30	20	15	10	5	5	2
cm5	90	30	20	15	10	5	5	2
cm6	100	35	20	15	10	10	5	2
cm7	150	50	35	20	15	10	5	2
cm8	200	100	45	30	20	15	10	5
cm9	250	100	50	35	25	15	10	5
cm10	300	100	100	40	30	20	10	10
cm11	350	100	100	45	30	20	10	10
cm12	400	100	100	50	35	25	15	10
cm13	450	100	100	100	40	25	15	10
cm14	500	100	100	100	45	30	15	10

5）是否赔付标签的确定

是否赔付标签与起陪时间标签及实际延误时间有关，当实际延误时间超过标签 1 所表示的时间时，航班需要赔付（用 1 表示）。否则，不需要赔付（用 0 表示），见表 11-12。

表 11-12　是否赔付标签的确定

	$t<30$	$30 \leqslant t<60$	$60 \leqslant t<120$	$120 \leqslant t<240$	$240 \leqslant t$
st1	0	1	1	1	1
st2	0	0	1	1	1
st3	0	0	0	1	1
st4	0	0	0	0	1

2. 支付宝代扣车费

用户授权将神州专车商户账号与支付宝账户进行绑定，并授权支付宝根据由神州专车商户账号发出的扣款指令，从用户的支付宝账户中扣取指定款项，转到神州专车指定的支付宝账户中。

主要流程如下：

（1）签约。授权商户账号和支付宝账号绑定。

（2）支付。直接扣款，完成支付。

付款渠道：

依据用户在其支付宝账户中设置的支付扣款顺序进行付款。

3. 航旅接口在项目中的应用

航旅数据接口服务在"航班延误免费坐专车"的项目中主要起以下两方面作用：

（1）用户乘机信息校验。通过航旅数据验证被保人是否购买机票、是否乘机，以及所乘航班是否与投保航班一致，以此进行风险控制。

（2）航班信息校验。通过航旅数据接口，获得被保航班的状态、计划起落时间、实际起落时间、航班是否延误、延误时长等信息。

11.7.4 案例分析

在"航班延误，免费坐专车"的项目中，航延险作为桥梁，将商旅用户的飞行和机场接驳连接起来，并且优化了用户体验流程，一步完成航延险的投保和专车的预约。同时，提升了用户对于保险的感知度，航延险产品在理赔的时候才能给用户带来比较深刻的感觉，但是加入专车流程后，利用专车折扣的方法，提升了用户对保险的感知度，即使未达到理赔标准，只要购买了航延险，用户就可以获得一定的优惠。

11.7.5　亮点总结

（1）用户体验提升。一步完成航延险的购买和专车的预约。

（2）保险感知度提升。通过免费坐专车/优惠坐专车的形式，不管最后是否理赔，都能提升用户对于保险产品的感知度。

（3）用户画像标签。通过该项目，可以将参与项目的用户进行标签分类，例如通过用户的专车目的地，可知该用户是到住宅区还是商务办公区，根据用户乘坐的舱位区分用户的消费能力。

（4）拓展性强。航延险可以与专车结合，也可与酒店、饭店等进行结合，用户可选择线下出行、线上体验服务。

11.8　银行信用卡航延险服务

11.8.1　应用场景

银行一直以来都是保险兼业代理的大户。对银行来说，销售保险产品一方面能够带来中间业务收入，另一方面也通过提供全面的金融产品增加客户的黏性；对于保险公司来说，银行拥有大量的客户资源，也颇受广大消费者信赖，是一个优质的代理渠道。如何充分利用银行自身的特点，同时适应不断变化的消费需求和消费行为，从而提升用户体验，增加客户黏性，需要银行和保险公司的共同努力和探索。

当前，浦发等许多银行都推出了不同的"免费版"航空延误险，只需按照要求持卡购票，即可享受航延险。航旅大数据应用于银行航延险服务定制，正是为银行保险产品的服务效率和服务质量的提升，提供了新的方法和思路。

11.8.2　主要内容

航旅数据在航延险方面的应用，首先体现在产品创新上。信用卡是银行用于增加客户黏性的一个重要产品，而航空延误险现已成为信用卡权益和单独售卖的标配产品，通过运用航旅数据，能够从以下三个方面对银行代理的航延险产品进行优化。

1. 投保便捷性

以往在购买产品时，用户需要填入相关个人信息，并且无法验证用户所填的个人信息的真实性。投保生效时间如何确定、投保时是否已经延误、是否填错航班信息等，这些问题都是在用户在购买航延产品时所遇到的。

通过接入航旅数据服务，就可以实现实时核保，立即生效；根据用户个人信息，查询其近期已经购票的飞行计划，这样既可以核查用户是否满足投保的条件。同时，又避免了因用户误填航班信息而造成后续理赔的不顺。

另外，当用户结伴出行时，除了自己购买航空延误险，同行人一样会有相应的需求。如果产品有为同行人投保的功能，那么就需要知道同行人的身份是否具备投保资格，其主要任务是解决同行人是否购票的问题，保险产品若想获得这样的设定，只有接入航旅数据才可以做到。

2. 实时监控

以往用户购买完航延产品，就失去了与银行的联系，因为从后续出险到理赔，全部都是由保险公司来面对客户。期间遇到问题，用户在第一时间找到银行要求解决，而银行的客服人员可以说对此一无所知，对用户的问题也无法做出及时的回答。

但是在接入航旅数据后，对用户所投保航班可以做到实时监控，对用户航班的情况也了如指掌，无论是在推送消息还是客户服务方面都可以有质的改变和提升。

另外，用户在等待航班时，延误的情况已经发生，用户可通过人工计算延误时间来确定是否满足理赔条件。但是人工计算时间与民航计算的时间会有所偏差，因为两者对于起飞延误时间和落地延误时间的确定不同。而最终统一的计算标准，都需要经过航空公司认可并开具有效延误证明。接入航旅数据可以提升计时的准确性和便捷性，用户也无须计算时间。

3.实时理赔

在哪里买的产品，有了问题就在哪儿索赔，这在消费者的眼中是理所当然的。但是针对保险这一类特殊产品，抛开资质问题，银行是很难在用户出险后帮上忙的。传统的保险产品在售卖时，只能通过用户自行提供资料的方式获取信息，无法直接为用户核保，也无法验证其真实性。

航旅数据可以帮助银行售卖保险产品，在线上自动理赔，不需要提供任何其他资料。当飞机落地后，这个航班是否满足理赔条件、这个用户是否乘坐该航班等信息就可以实时获取。对符合条件的，系统将自动进行赔付，原先 3 ～ 5 天的理赔时间，现在可以缩短到 3 ～ 5 分钟，效率大大提升。

因此，航旅数据的接入，可以解决从售前到售后的所有难题，大大提升了银行服务效率。在航旅数据面前，用户的航旅信息可以做到安全透明。

4.技术方案

在技术方面，从产品上线到实际运营，所有的航旅数据都通过数据接口的方式进行提供。无论产品部署在银行还是数据提供方，只需要在各个节点，调用所需要的航旅数据即可。主要的技术难点在于各个环节的无缝连接，以及有效信息、无效信息和默认信息的处理。

其中主要分为以下几种情况：

（1）用户机票情况查询接口。查询用户是否购买机票，是否满足投保条件。

（2）航班行程接口。查询用户的出行计划，用户确认自己为哪一次行程投保。

（3）未来航班查询接口。可以直接显示或查询未来某特定航班的起飞时间、落地等信息，尤其是针对具有多段行程的航班投保时，需要列出航段，因为不同航段具有不同的延误判断标准。

（4）航班订阅接口。在到达航班计划起飞时间后，需要实时监控并更新航班状态，在起飞前赔付的航延险尤为重要。只要航班状态发生变更，就会推送相应的信息。

（5）航班实时查询接口。用户投保时，对当前航班状态进行查询，如果已经发生延误，就会对保费的调整产生影响。

（6）航延预测接口。针对特定航班进行延误预测，在保证理赔金额不变的情况下，调整保费，从而做到合理控费的目的。

（7）航班行程验证接口。在航班等前置条件都满足理赔的情况下，对旅客的客票信息进行验证，确认用户是否乘坐飞机、符合理赔的最终条件。如果发生改签等情况，就视为核赔失败。

（8）航旅数据建模接口。查询用户某次行程的票价，以针对某些特定赔付机票款的产品做出判断依据。

11.8.3　案例分析

针对浦发银行信用卡设计航延险产品。

（1）航延险（次单）：保障单次出行行为的航延险产品，特点是航班起飞前30分钟可买，落地赔付；每延误1分钟，赔付1元钱，最高赔付300元，保费浮动；同行人可一同投保。

产品最大亮点是投保时间可以更接近起飞时间，这其中需要基于航旅大数据而产生的航延预测数据（基于SEAM系统），这样才得以保证对高延误率的航班做到合理控费。

（2）航延险（月单）：保障期限为一个月的航延险产品，用户投保时无须填写任何信息，次日生效。如果发生延误且满足理赔条件的情况，自动理赔。

投保成功后，就开始对用户的航班状态进行全天候监控，只要一出险系统就会自动进入理赔流程。用户不需要记着自己买过这样的产品，也不会忘掉理赔，以达到最优的用户体验。

（3）航延险（半年单）：保障期限为一年的航延险产品，作为一款非购买产品，只要用户达到信用卡消费条件就可以激活该航延险。在次月的固定时段为用户进行投保，并开始监控数据。该产品的赔付金额较高，出险后将赔付用户实际支出的机票款。售卖这一产品时，若由用户自行填写赔付款额，则存在较高的道德风险。故在该产品的设计中，最大的亮点除了对用户的航班、行程自动监控，还要对用户的机票款进行查询，无需用户提供任何证明信息，即可获赔。

11.8.4　亮点总结

针对浦发银行的产品案例，在运用航旅数据辅助设计产品的过程中，我们做到了如下几点突破：

（1）无须用户填写复杂的投保信息，节省操作时间和操作成本。

（2）对于高额赔付，依靠SEAM系统的接入，对产品进行控费，做到了浮动费率，保证了产品的吸引力，同时也保证了产品不至于被"赔穿"。

（3）理赔无须提供任何材料，真正做到了落地赔付，把所有复杂繁琐的理赔流程全部去除，节约了用户、银行和保险公司的三方资源。

（4）理赔报销机票款时，无需用户提供任何购买记录和证明，就可自动进行查询机票款。

11.9　用大数据精准营销，打造"五星荟"服务品牌

11.9.1　应用场景

央行发布的《支付体系运行总体情况》显示，截至 2017 年第二季度末，全国信用卡和借贷合一卡合计发卡 5.20 亿张，同比增长 9.82%，全国人均持有信用卡 0.34 张。Visa 国际组织分析认为，银行要从单个活跃的信用卡客户身上赚取的收入来收回发卡、运营等相关成本，平均需要 18 个月。信用卡行业的三大传统支柱性收入——年费、商户回佣、中间业务收入的获取在市场新形式下面临巨大的压力，特别是一些大型银行的客服中心，千人规模的客服中心已不是罕见事，每年的运营成本形成了巨大压力。在上述背景下，如何突破信用卡行业的盈利困局，如何将客户服务中心由成本中心转化为利润中心、如何把握客户需求，成为银行信用卡中心经营管理的重要课题。

一些银行的信用卡团队很早就开始尝试跳出以产品为中心、单一追求规模经济的行业怪圈，转型为"以客户为中心"、规模效益共同发展、坚持将服务作为核心竞争力的经营思路。银行信用卡团队试图转型，但其遇到的一个巨大痛点是"我的客户想要什么？""五星荟"应运而生，它是将客户需求和银行卡中心痛点连接并给出解决方案的桥梁。

11.9.2　应用基础

"五星荟"主要通过整合国内外酒店、健康、运动商旅、保险等多领域高端消费权益，以多种方式向中 / 高端信用卡客户、财富公司高净值 VIP 会员俱乐部提供高品质的时尚消费权益，以满足客户消费升级及高端体验的需要。

关于大数据的应用，有一个非常著名的案例：

从 2011 年开始，一款称为"飞常准"的软件开始在各类 APP 榜单、微

博上频频现身。这款软件反应迅速，遇到飞机延误，在微博上"@飞常准"问一问，很快就能获得回复。在一次从北京到合肥的航班上，旅客被"关"了 3 个小时。当时北京、合肥两地的天气都非常好，唯独自己乘坐的飞机迟迟不起飞，控制不住郁闷情绪的旅客和机组人员争执了起来。刚好"飞常准"的创始人郑洪峰在现场，他打开了"飞常准"的系统后台，天气雷达图显示，北京南边即天津—保定方向有一片雷雨区，他让旅客和空姐看了雷达图，并结合天津机场雷雨的天气实况加以解释，最终让旅客达成谅解。

然而，信用卡呼叫中心是一个非常特殊的行业，它与上述案例有明显不同的地方。呼叫中心通过电话为客户提供服务，是一个人力密集型、劳动密集型、知识密集型、技术密集型的产业，虽不直接为企业带来利润，却是企业无法割舍的重要的组成。它作为企业重要的服务纽带，长期以来却一直成为企业的成本中心。大数据最大的作用是用最直观的方式告诉你，你该向客户推销什么。

自 2007 年以来，"呼入转营销"的业务模式成为不少大型信用卡中心推崇的一种金融呼叫中心的服务运营模式。通过对致电客服热线咨询或办理业务的持卡人提供优质服务的同时，利用大数据的比对，发现客户需求，主动向客户推荐合适的增值业务，促动持卡人购买符合其需求的（信用卡）关联产品。不少客服中心从最初"摸着石头过河"到后来的成熟专业，从市场调研分析、产品流程设计规划到激励改善的全过程，不断提升客户体验。这在很大程度上提高了命中率，大大降低了成本。

11.9.3　应用案例

我们特地采访了某呼叫中心的一名普通坐席，被采访的那位员工姓杨，性格相对内向，在我们的整个谈话过程中都保持着一丝腼腆。很难想象，他现在的业绩一直名列前茅，谈到做"呼入转营销"前。他说："我刚入职的时候就知道有很多种增值服务，但我从未做过营销服务。当时觉得客服做好服务就好了呀，为什么要将产品硬塞到客户手里呢。再加上没有营销的技巧，十分怕被客户拒绝，所以我很抵触，宁愿收入少一点，也从不主动开口。但是，公司新上线的系统彻底改变了我对营销的看法。"

"那天和往常一样接线，有一位客户在办理完基本的业务之后，说他经常需要出差，问信用卡在哪里地方使用可以有优惠。我顿时没有主意，一下子就晕了。于是我向组长求救，我们组长只是对我说了一句：在系统中查询一下，看系统推荐的产品排名。我一下子就明白了，根据客户行为偏好和消费意愿、消费能力等，系统迅速给出 980 元的"五星级酒店自助餐年卡"产品。于是我急忙找到这款产品的基本话术，照着读给客户听。结果客户一下子就接受了，并在线就利用信用卡分期的形式购买了此产品，最后，还连连夸我在这么短的时间内解决他的问题，是他没有想到的，客户满意地挂线了。"小杨骄傲地回忆起这个不寻常的起点。从此以后，小杨特别喜欢这个依托大数据分析的系统推荐功能，增值权益产品经常是一推一个准。

在服务中加入营销的成分，确实给一线员工增加了一定的难度和挑战。因此，仅仅设计好产品、规划好流程、要求员工执行是不够的，再好的产品如果不知道如何将它推销出去，或者说不知道向哪些来电客户进行推荐，想盈利也是枉然。培养员工的营销意识非常重要，借助系统对于大数据的对比、分析，提示把握在线营销的时机，员工轻松完成推荐、提升了成功率，自然乐意接受。

11.9.4 "五星荟"如何应用大数据

"五星荟"有一款《欢乐畅享年》的权益产品，包含了五星级酒店的住宿、自助餐及接 / 送机服务，目标人群是商旅人士。在设计产品时，我们都认为一线城市的客户应该会比较容易接受此款产品。但在为期三周的外呼过程中，所收集的数据较为零散，成功率为 0.6% ～ 2.7%，并没有科学的根据证实之前的猜想。外呼团队并不清楚在成功单里，产品中的哪项服务是打动客户的关键。另外，给外呼团队的呼出对象的数据（以下称数据）中，商旅人士的比率有高有低。这就是在不同阶段、不同销售服务代表（TSR）之间产生订购率差异的主要原因。于是分析小组设计了能解决这两个问题的战略方案。

　　分析小组将成功单的项目进行拆分，分成历史消费记录、账单地址、信用额度、年龄段等多项，如图 11-17 所示。经过反复对比，发现历史的消费记录一项对于外呼的成功率有着极大的影响。于是，分析小组依托航旅数据的分析、筛选，将客户（历史消费）行为设置为第一关键项，同时将客户居住地作为第二关键项，扩大城市的覆盖面。在接下来的 2000 条测试数据中，由于使用了精准客户画像，成功率直接提升至 10%，且退单率降为 0.1%。

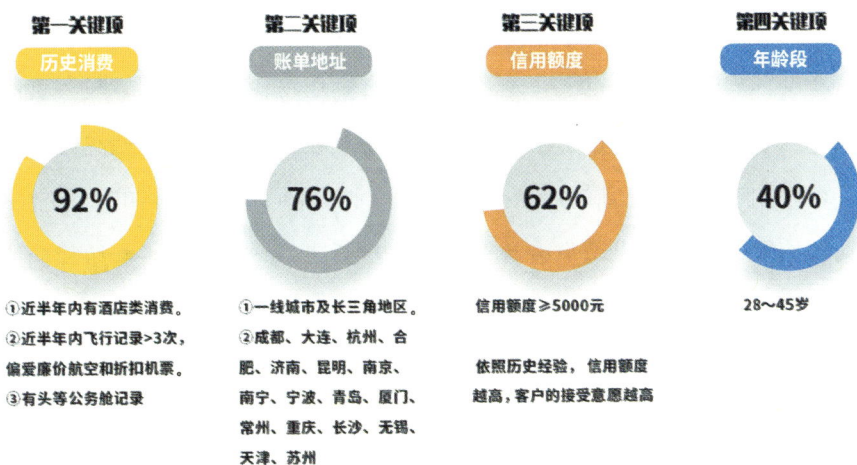

第一关键项　历史消费　92%
①近半年内有酒店类消费。
②近半年内飞行记录>3次，偏爱廉价航空和折扣机票。
③有头等公务舱记录

第二关键项　账单地址　76%
①一线城市及长三角地区。
②成都、大连、杭州、合肥、济南、昆明、南京、南宁、宁波、青岛、厦门、常州、重庆、长沙、无锡、天津、苏州

第三关键项　信用额度　62%
信用额度 ≥5000元
依照历史经验，信用额度越高，客户的接受意愿越高

第四关键项　年龄段　40%
28～45岁

图 11-17　关键项

　　在营销外呼产品的设计和选择方面，航旅大数据也提供了强大的科学决策支持。2016 年，中国总计 4.9 亿人次乘飞机出行，比 2015 年上升 11.9%。提取了相关的基础字段，如 1 年内的飞行次数、最忙的乘机月份、1 年内平均折扣、最频繁的出行城市、平均票价、总延误时间、总飞行公里数等，为客

户量身定做了许多产品。再根据询问到的客户信息，智能匹配出最适合客户的产品，从而大大提升了销售的成功率。

在产品的设计方面，大数据也提供了各种维度。按照客户价值、偿还能力、忠诚度等，区分出了不同类型的客户，主要分为基础乘客、商旅乘客、职场精英、高净值客户群体。再根据这些客户的喜爱飞行时间、选择的折扣价格、公务舱头等舱记录、喜爱的航空公司等，叠加了不同的增值服务，使产品更具优势。

11.9.5　航旅大数据的未来

互联网金融除了获取流量的压力，还有新增用户转化率、用户黏性的问题，而大数据的应用，对实现精准营销和增强客户黏度，起到了至关重要的作用。

在营销的方式方面，客户可根据客户的行为偏好、消费能力、消费意愿和习惯等，对有效客户进行筛选，推送有效营销信息，进一步扩大产品用户。

新增客户的转化率也一直是互联网金融企业在探讨的问题，唤醒沉睡客户成了互联网企业的永恒话题。在活跃度相对较低的客户中，筛选出中端或相应客户，向他们推荐新的产品或活动，达到唤醒沉睡客户的目的。"五星荟"根据航旅数据，统计出用户最常去的城市、酒店，然后给客户赠送相应酒店的下午茶体验券，或者五星级酒店自助晚餐的买一送一券，激发客户的需求。

而在黏性方面，最常用的一种方法是提额。对存量客户，想进行二次开发，可以调取航旅数据，根据其近期的表现，适当对授信额度进行调整。主动提额对忠诚客户的维护起到了重要作用。

信息化时代也是未来是大数据的时代，未来的趋势一定是航空、铁路、城市交通、公路等出行信息一体分析，而航空大数据在这些数据中很具代表性和典型性，并能产生更高的商业价值。谁拥有更多的数据，谁就能在未来拥有更大的主动权。

11.10 中诚信征信航旅数据应用

11.10.1 应用场景

中诚信征信有限公司（以下简称"中诚信征信"）自成立以来一直开展与信用产业相关的工作，中诚信征信始终坚持以高于监管及行业水平的标准，审慎有序地开展个人征信及企业征信服务。

中诚信征信已与多家国有商业银行、全国性股份制商业银行、城市及农村商业银行建立合作，为其提供航旅数据产品。中诚信征信提供的航旅数据产品主要应用于银行私人银行部筛选高净值客户、银行信用卡中心进行相关航旅卡的精准营销，以及信用卡提额业务，是银行获客、拓客及激活已有沉睡客户的有效征信数据。

11.10.2 主要内容

中诚信征信提供的航旅数据可划分为以下两大类别：

1. 航旅飞行数据

1）航旅静态数据

航旅静态数据主要包含近一年的总飞行次数、总飞行里程、国内飞行次数、国际飞行次数、常坐舱位、常坐舱位次数、乘坐头等舱次数、乘坐商务舱次数、乘坐经济舱次数、频繁出发城市、频繁到达城市等二十多项航旅出行历史数据。根据此类数据，可判断目标客户是否为商旅人士及其商旅活动的时间、地域范围等。同时，也可判断目标客户的消费能力及消费水平。

通过航旅静态数据，银行信用卡中心可进行已有客户的信用卡提额、沉睡银行卡客户的激活、新目标客户航旅相关信用卡的精准营销。同时，也可进行酒店联名信用卡的营销等。

2）航旅动态数据

航旅动态数据数主要根据机票信息得出，通过机票信息判断目标客户的位置信息。

通过航旅动态数据，银行可进行银行卡盗刷的反欺诈识别，用位置信息判断客户真实地理位置。

2.航旅飞行评分及会员等级数据

飞行评分、会员等级数据是中诚信征信自主开发的自有字段，是通过大数据挖掘和机器学习技术进行指标选择、数据转化并建模得出的，用于评估目标客户的消费能力及综合价值。

1）会员等级

中诚信征信提供的会员等级综合参照各大航空公司的会员等级规则制定。由飞行总里程、乘机总花费、头等舱和公务舱乘机比例等主要维度计算得出。会员等级从 A 级依次下降到 E 级，A 级为具有大量乘机历史、大量高端消费历史的客户级别。

根据会员等级，可用于筛选航空常旅卡、商务人群、高净值人群等以消费水平为主要考量目标的业务场景，是银行信用卡营销、信用卡品牌、额度及业务推广等业务的直观评判依据。

2）飞行评分

中诚信征信提供的飞行评分主要选取了飞行次数、平均价格、最繁忙月份乘机比例、出发、到达城市、平均提前订票时间、乘坐头等舱、商务舱比例 8 个字段，按照各维度不同的权重占比得出。飞行评分分数从 0 到 100 分，分为 5 个区间段，分数越高说明乘机历史越丰富，消费能力越强。

飞行评分主要基于对个人履约能力及经济实力的考量和判断，用于推断预测目标客户的综合消费水平、消费稳定度及收入能力等。相对于会员等级，飞行评分的数据考查范围更广、内容更全面，实际应用度更高。

11.10.3　案例分析

1. 案例一：商旅类信用卡的拓客与沉睡客户激活

要点：客户的航旅出行数据分析。

案例介绍：国内某大型银行从 2016 年开始，接入中诚信征信的航旅数据，用于商旅类信用卡拓客与沉睡客户激活。通过分析客户的航旅出行的历史统计数据与近期出行数据，有效提升了商旅类权益卡的新客户激活率和沉睡客户的唤醒率。新客户激活率提升了 15%，沉睡客户的唤醒率提升了 8%。

2. 案例二：信用卡额度评估

要点：结合中诚信征信的飞行评分及航旅出行数据分析履约能力与资金需求。

案例介绍：国内某大型金融机构在对其客户进行额度评估时，接入了中诚信征信的航旅类数据，通过分析航旅出行数据，评估航旅方面的资金需求，结合了中诚信征信自有的飞行评分字段，增加了客户的授信额度。经比较，此类客户的授信额度相比其他类客户有明显提升。

11.10.4　亮点总结

1. 独家性

中诚信征信是第一家获得中航信授权的第三方独立征信机构，也是市场上仅有的两家获得中航信授权的机构之一。

2. 全面性

中诚信征信的航旅类数据覆盖了国内的所有航空公司与国外大部分航空公司，是市场上能够合法对外提供信息的覆盖度最高的航旅类征信数据服务商。

3.针对性

航旅出行是商务人士的必须出行需求，因此中诚信征信的航旅数据对于分析商务人群具有极高的覆盖性。

第 12 章　航旅数据应用标准建议

12.1　航旅数据应用现状分析

研究机构 Gartner（高德纳）指出，"大数据"需要新处理模式才能具有更强的决策力、洞察发现力和流程优化能力，从而适应海量、高增长率和多样化的信息资产。麦肯锡全球研究所给出的大数据定义如下：一种规模大到在获取、存储、管理、分析方面大大超出了传统数据库软件工具能力范围的数据集合，具有海量的数据规模、快速的数据流转、多样的数据类型和价值密度低四大特征。因此，我们可以认为，要充分利用大数据，就需要用不同于以往的专业技能和工具，来极致地挖掘庞大数据量中的价值。现今，国内外的航旅业从业者都在研究对数据的利用，例如，国际航协提出的 NDC（New Distribution Capacity）及随之而来的动态定价（Dynamic Pricing）理念，都蕴含着对大量数据进行分析和使用的需求。

国内公司也已经意识到数据对商业运营的重要性，收益管理、运价管理、渠道管理、长期网络规划等都需要大量的数据支持才能实现精准。目前，可以从多种渠道获取所需的数据。那么，最终的问题落在一点，就是如何对这些数据进行合理地利用、充分地筛选、精确地分析来获得想要的结果。不少公司在这方面遇到了问题，究其原因，大致有这么几点：

1. 专业人员缺失

现在已进入了大数据时代，但并非拥有了海量数据就算是真正跨入这个时代，针对数据进行有效的分析进而充分利用才是关键。但偏偏在这方面，即使规模很大的公司也很少设有专门的人才来进行这项工作，更不用提其他规模较小的公司。数据分析，是指用适当的统计分析方法对收集来的大量数据进行分析，提取有用信息和形成结论，进而对数据加以详细研究和概括总结的过程。这是一项对从业人员要求极高但同时也很枯燥的工作，每天紧盯着各种各样的数据进行提取、分析，同时还不断有新数据加入进来，还要规避人工失误，承受较大的工作压力。因此，这类人才的流失率也较高，这也就导致了很多公司空有数据在手却得不到充分利用。

2. 对数据分析投入的难题

在数据分析专业人员缺失的情况下，也有其他的途径可选，即采购第三方供应商的数据分析软件或数据分析服务。这看似一劳永逸的办法，或者说是一条捷径，但实际上也并非容易的决策。

首先，这个采购的流程短则半年，长可达数年。在不断的对比、评估过程中，其自身对数据分析的需求可能也在发生了变化，对于最终的采购决策也会有一定的影响，从而导致采购期进一步拖长，影响项目进度。

其次，这些公司是否愿意将自身采集和采购的数据交给第三方的数据服务供应商使用也是需要考虑的一方面。此外，对数据安全的顾虑也使一些公司犹豫不决。

最后，对于通过第三方数据分析软件或服务得到的结论，是否能够百分之百信任呢？目前多数的相关供应商是国外厂商，其开发的软件或提供的服务并不一定完全符合国内的实际情况和需求。因此，不可避免地会出现分析结果与历史经验甚至是实际运营效果相冲突等情况，从而需要进一步的沟通、对比和确认。然后，再对系统工具（服务）进行改良。这样又要花费更多时间来实现系统工具（服务）基本满足需求，而这个时间公司又是否等得起呢？

3. 对大数据的误解

要完全地适应大数据时代，充分地利用数据做到精确地预测和规划并不是一蹴而就的事。大家可能意识到了未来大数据会给行业、公司、旅客带来巨大的变革，从而有更多的机遇使公司从中受益。但可能忽略了一点：要真正达到这一目的，需要时间，也需要人力和资金投入。单凭从现有的相关部门挖掘几个业务骨干组成一个所谓大数据小组，然后冥思苦想期望在个把月内将公司整体改革，以适应这个全新的概念，这并不是真正理解了大数据的做法。大数据的第一要求就是"新"，新的概念带来新的机遇，也伴随着新的问题，需要新的方法来解决，同样也需要航旅业输入新鲜血液来保持活力，紧跟行业发展的脚步。

大数据的时代是变化的时代，从最初大数据概念的提出到现在已有 10 年，期间不断地更新，不断地有新理论被提出来，为行业未来发展提供导向。如何在这纷繁复杂的数据世界中把握潮流的动向，挖掘适合自己公司的资源，确立公司对应的发展战略和方向，选取恰当的方式和方法来实现最终的目标，是每个管理者都要深思熟虑的问题。

12.2　对策与建议

（1）推动航旅大数据产业的行业规则上升为国家层面的规则，积极参与国家层面标准和规则制定。积极参与国家各项大数据发展计划、规划和大数据相关标准的起草编制工作，可在行业内先行先试的经验基础上，更加积极主动地参与国家有关法规政策标准的制定工作。

（2）在保障数据安全的前提下，大力推行航旅数据开放与共享。按照公开是原则、不公开是例外的原则加大高使用价值数据开放力度和质量。一方面是推进数据开放与共享技术的革新及相关标准化，另一方面要建立健全数据开放与共享的相关法律、法规。

（3）鼓励商业模式创新，吸引更多大数据应用企业，营造良好的航旅业大数据应用产业环境。鼓励航旅业及相关上/下游企业商业模式创新，以先行先试的精神推动传统产业变革。例如，在航空业、传统银行业、互联网金融等相关领域促进新生产业力量发展，以具体行动增强航旅数据产业的竞争优势。建议政府在人力、物力、财力等方面给予相关企业一定支持，同时鼓励产业联盟、行业协会等组织交流与合作，形成互利共赢的健康生态。同时在一些航旅数据产业发展快速的地区，可以建设航旅大数据产业示范区或集聚区，从而以点带面，实现更大范围的发展。

（4）要更加注重航旅大数据产业人才培养。面对大数据产生的各种问题，解决的关键在于技术，其根本是对人才的需求。航旅大数据产业不仅需要专业的IT技术人才，而且需要具有数据分析能力和行业管理能力的人才。建议在大学建立相关研究院，将大数据技术直接引入大学的科学研究当中。此外，还可以直接建立与航旅大数据产业相关的教育培训产业，便于对企业现有员工知识和技能的不断更新和提升，以顺应时代和科技的快速发展。

小　结

当前，大数据产业已经进入应用发展阶段，商业模式创新推动包括航旅大数据行业在内的各个行业数据应用逐步走向成熟，应用创造的价值占市场规模的比重日益增大，成为新的经济增长动力。

在目前的国内外环境下，航旅大数据产业要想取得持续、稳定、健康的发展，需要继续加强学校、企业和研究机构之间的合作，在大数据产业政策制定、行业应用、技术研究、人才培养等方面充分发挥各自优势，实现优势互补。

应鼓励相关企业对航旅数据采集、存储、清洗、分析、安全与隐私保护等关键技术进行攻关，集中力量突破信息管理、信息保护、安全检查和基础支撑关键技术，提高自主保障能力，加强关键信息基础等方面的建设。

与此同时，更要着力提升航旅大数据应用水平，进一步探索和研究航旅大数据产业应用，为未来的产业发展和推广运用提供范例和借鉴，从而发挥出航旅大数据应有的价值。

参考文献

[1]《中国信息安全》编辑部. 世界主要国家的大数据战略和行动. 中国信息安全, 2015 (5)：66-71.

[2] 张勇进, 王璟璇. 主要发达国家大数据政策比较研究. 中国行政管理, 2014 (12)：113-117.

[3] 孟小峰, 张啸剑. 大数据隐私管理. 计算机研究与发展, 2015, 52 (2)：265-281.

[4] 青峰. 国外隐私权保护纵览. 观察与思考, 2008 (18)：26-29.

[5] 冯登国, 张敏, 李昊. 大数据安全与隐私保护. 计算机学报, 2017, 37 (1)：246-258.

[6] 陈倩. 刍议大数据时代面临的信息安全机遇与挑战. 智能城市, 2016 (9)：47.

[7] 刘金瑞. 美国网络安全信息共享立法及对我国的启示. 财经法学, 2017 (2)：22-30.

[8] 王立志. 日本刑法对隐私权的保护及其评析. 云南大学学报 (法学版), 2010, 23 (5)：48-51.

[9] 张衡. 大数据安全风险与对策研究——近年来大数据安全典型事件分析. 信息安全与通信保密, 2017 (6)：102-107.

[10] 汪永旗. 旅游大数据商业化应用中的个人隐私保护. 中南林业科技大学学报 (社会科学版), 2016, 10 (2)：44-49.

[11] 齐爱民. 论大数据时代数据安全法律综合保护的完善——以《网络安全法》为视角. 东北师大学报 (哲学社会科学版), 2017 (4)：108-114.

[12] 洪延青. 评《网络安全法》对数据安全保护之得与失. 信息安全与通信保密, 2017 (1)：66-73.

[13] Chen M Y, Yang C C. Privacy protection data access control. International Journal of Network Security, 2013, 15 (6)：391-398.

[14] 刘小霞, 陈秋月. 大数据时代的网络搜索与个人信息保护. 现代传播, 2014, 36 (5)：125-128.

[15] 孟小峰, 慈祥. 大数据管理：概念、技术与挑战. 计算机研究与发展, 2013, 50 (1)：146-169.

[16] 陈兴蜀, 杨露, 罗永刚. 大数据安全保护技术. 四川大学学报 (工程科学版), 2017 (5)：1-12.

[17] 百度百科. 数据隐私保护. https://baike.baidu.com/item/%E6%95%B0%E6%8D%AE%E9%9A%90%E7%A7%81%E4%BF%9D%E6%8A%A4/7540560.

[18] 李呈祥. 数据脱敏. http://www.36dsj.com/archives/76043#, 2017-02-04.

[19] BeyondHannn. 大数据隐私保护技术之脱敏技术探究. http://www.freebuf.com/articles/

database/120040.html，2016-11-19.

[20] 杭州美创科技．数据的"谎言"——大数据环境安全防护技术之数据脱敏．http://www.freebuf.com/company-information/143405.html，2017-08-07.

[21] 胡水晶．大数据挖掘的隐私风险及应对策略．科技管理研究，2015（9）：154-160.

[22] 魏凯敏，翁健，任奎．大数据安全保护技术综述．网络与信息安全学报，2016, 2 (4)：1-11.

[23] 尹雯玉．数据脱敏：数据大爆炸时代隐私保护利器．http://cloud.it168.com/a2015/0701/1742/000001742729.shtml，2015-07-01.

[24] 陈天莹，陈剑锋．大数据环境下的智能数据脱敏系统．通信技术，2016，49（7）：915-922.

[25] 周期律，郭丽雯．测试数据脱敏综合评价体系的研究与探讨．中国金融电脑，2014 (7)：55-58.

[26] 钱小聪．大数据产业生态圈研究．信息化研究，2013（6）：49-52.

[27] 王能强．发达国家及我国主要地区大数据发展的政策启示——以贵州大数据产业发展为例．中国管理信息化，2017，20（4）：159-160.

[28] 房俊民，田倩飞，徐婧，唐川，张娟．全球大数据产业发展现状、前景及对我国的启示．中国科技信息，2015（10）：101-102.

[29] 国家工业信息安全发展研究中心．大数据优秀产品、服务和应用解决方案案例集(2016).北京：电子工业出版社，2017.